L

DE LA NOUVELLE PROPOSITION

RELATIVE

AU BANNISSEMENT

DE CHARLES X ET DE SA FAMILLE,

OU

SUITE DE MON DERNIER ÉCRIT :

DE LA RESTAURATION

ET

DE LA MONARCHIE ÉLECTIVE.

PARIS. — IMPRIMERIE LE NORMANT FILS,
Rue de Seine, n° 8.

DE LA NOUVELLE PROPOSITION

RELATIVE

AU BANNISSEMENT

DE

CHARLES X ET DE SA FAMILLE,

ou

SUITE DE MON DERNIER ÉCRIT :

DE LA RESTAURATION
ET DE LA MONARCHIE ÉLECTIVE.

PAR

M. de Chateaubriand.

PARIS.

LE NORMANT FILS, ÉDITEUR,
RUE DE SEINE, Nº 8. F. S. G.

OCTOBRE 1831.

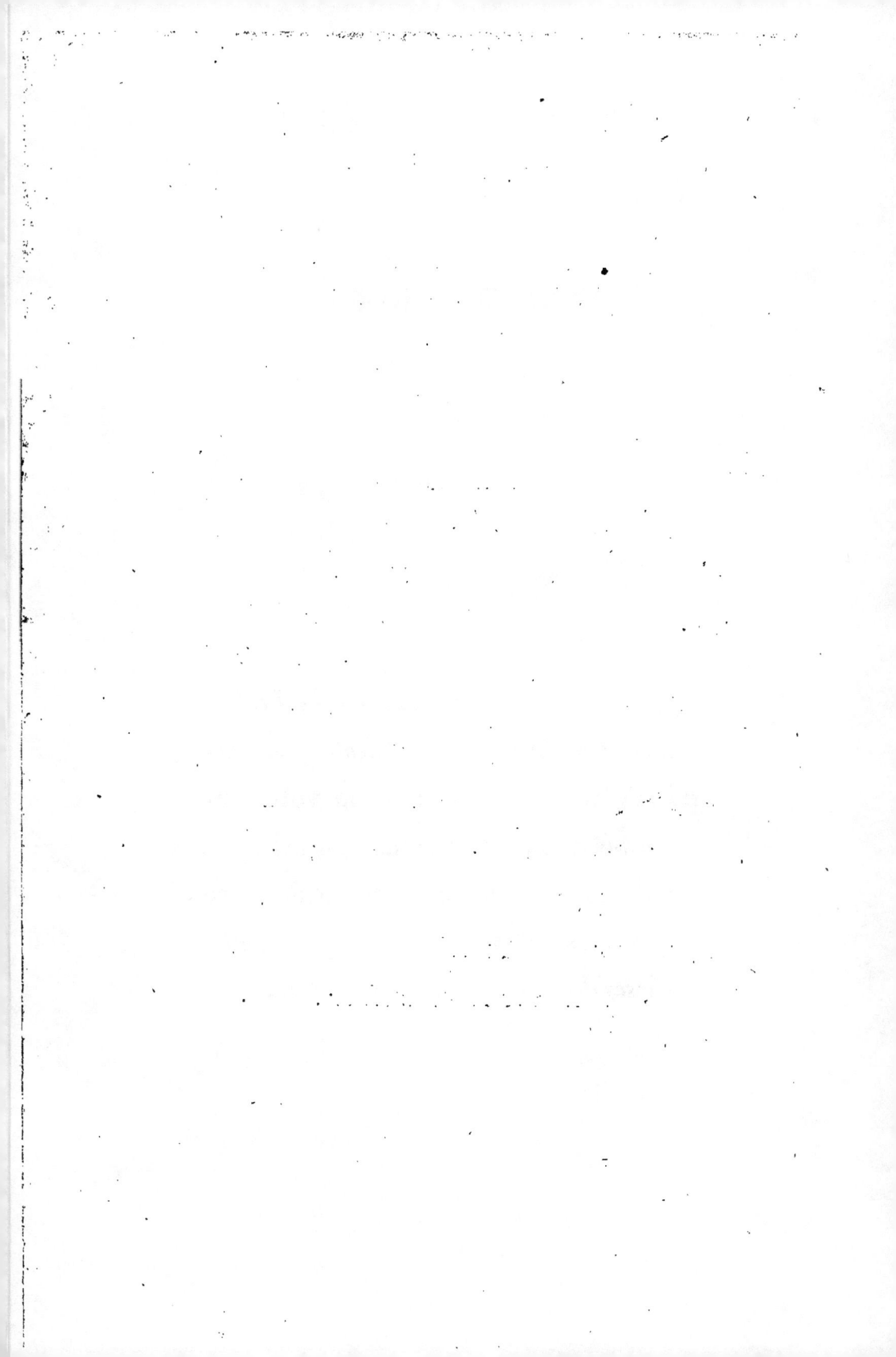

AVERTISSEMENT.

—◦◦◦◦—

MA dernière brochure *De la Restauration et de la Monarchie élective*, se terminait par ces mots : « Ma voix sera » peut-être importune; mais, que l'on se » console, on l'entend pour la dernière » fois dans les affaires politiques, *toutes* » *choses demeurant comme elles sont*. . . . .

» C'est en faveur de quelques têtes que
» l'on veut proscrire que je publie mon
» opinion. Au mois d'août (1830) je
» demandais pour le duc de Bordeaux
» une couronne; je ne sollicite aujour-
» d'hui (mars 1831) pour lui que *l'es-*
» *pérance d'un tombeau* dans sa patrie :
» est-ce trop ? »

*Toutes choses ne sont pas demeurées comme
elles étaient;* une proposition plus rigoureuse encore que celle que j'ai déjà com-
battue, m'arrache au silence et à la retraite. Sur cette terre où je sollicitais
pour un orphelin *l'espérance* d'un tombeau, il en aurait maintenant la *certi-
tude.* Nous sommes tous sous le coup

d'une nécessité ; les uns attachent leur vie au succès, les autres au malheur. Autant de fois qu'on renouvellera des actes de violence contre la famille déchue, autant de fois je m'élèverai contre ces actes. Mes protestations vous importeront peu, je le sais; mais elles m'importent à moi, qui d'ailleurs n'ai de vous ni crainte ni souci. De quoi pourriez-vous vous plaindre? loin de me dérober aux lois faites ou à faire (complément forcé de votre système), je m'y viens livrer : je leur ai du moins l'obligation de me faire revoir ma patrie.

J'imprime en tête de cet écrit ma réponse *littéraire* aux stances de M. de Béranger ; elle servira d'introduction à ma réponse *politique*. Au surplus cette brochure n'est que la suite de celle que je publiai le 24 mars 1831, comme la proposition développée dans la Chambre actuelle des députés, n'est que la suite de la proposition discutée dans l'ancienne Chambre.

LETTRE

A M. DE BÉRANGER.

Genève, ce 24 septembre 1831.

MONSIEUR,

Si vos talens étaient d'une espèce moins rare ;
si vos tableaux ne réunissaient à la correction du
dessin l'éclat ou la suavité du coloris, je me con-
tenterais de vous remercier de l'ode que vous
avez bien voulu m'adresser, d'être profondément
touché de votre bienveillance : mon orgueil cha-
touillé trouverait, même dans cette ode, *telle*
rime qui exciterait au plus haut point mon en-
thousiasme. Mais ce n'est pas la redevance d'une
gratitude vaniteuse que je vous viens payer, c'est
le tribut d'une admiration sincère. Un grand
poète, quelle que soit la forme dans laquelle il
enveloppe ses idées, est toujours un écrivain de
génie : Pierre de Béranger se plaît à se surnom-
mer *le chansonnier;* comme Jean de La Fontaine,
le fablier, il a pris rang parmi nos immortalités
populaires. Je vous prédis, Monsieur, que votre
renommée, déjà sans rivale, s'accroîtra encore.
Peu de juges aujourd'hui sont capables d'appré-
cier ce qu'il y a de fini et d'achevé dans vos vers,

peu d'oreilles assez délicates pour en savourer l'harmonie. Le travail le plus exquis s'y cache sous le naturel le plus charmant.

Au reste, Monsieur, dans la préface de mes *Etudes*, vous considérant comme *historien*, j'ai remarqué que cette strophe était digne de Tacite qui faisait aussi des vers :

> Un conquérant dans sa fortune altière,
> Se fit un jeu des sceptres et des lois,
> Et de ses pieds on peut voir la poussière
> Empreinte encor sur le bandeau des rois.

Lorsque vous entonnez la louange du *Roi d'Y-vetot* et l'hymne au *Ventru;* lorsque vous célébrez le *Marquis de Carabas* et les *Mirmidons;* lors-que vous dictez la lettre prophétique *d'un petit Roi à un petit Duc;* lorsqu'à mon grand regret, vous riez de la *Gérontocratie*, vous êtes un po-litique à la manière de Catulle, d'Horace et de Ju-vénal. Souffrez en moi une des contradictions de la nature humaine : admirateur et prôneur de la jeunesse, je suis néanmoins très-attaché aux *Bar-bons*. Vous avez perdu un procès contre eux de-vant la justice : si j'en pouvais gagner un pour eux à la haute cour de votre muse !

Vous déroulez, Monsieur, dans votre poème ma vie littéraire et politique : ma suffisance d'auteur est cependant obligée de convenir qu'il y a dans la belle métaphore de votre première

strophe, plus de politesse que de vérité. Je n'ai
point vu dans le ciel mon étoile (*nébuleuse* qui
échappe aux regards), mais j'y ai vu une lyre ;
je ne sais si c'est une de ces *lyres* que, selon
vous, *mon pays me doit*. Aurais-je eù quelque
influence sur la vôtre? alors je mériterais en effet ce *peu d'eau pure* que m'offre la piété du
poète. Telle est la magie du talent : vous redites
mon passage en Amérique, en Grèce, en Ionie,
à Sion, et vous me faites me plaire à mes cour-
ses ; mon amour-propre s'enchante à mes récits,
oubliant que ce n'est plus moi qui voyage, mais
vous qui voyagez pour moi. Autrefois des mé-
nestrels s'attachaient aux pas des pélerins : les
premiers chantaient ; les seconds cheminaient,
et les premiers seuls ont laissé des traces. Je serais tout au plus, Monsieur, votre Oreste populaire, ce juif errant * qui n'a d'espérance de
repos que dans la fin du monde, qui toujours
appelle de ses vœux lassés le dernier soleil et
qui voit toujours le soleil se lever, qui s'écrie
dans la fatigue de sa fuite éternelle :

Toujours, toujours,
Tourne la terre où moi je cours.

Du lieu où je vous écris, j'aperçois la mai-

* Chanson inédite de M. de Béranger.

son de campagne qu'habita lord Byron, et les toits du château de Madame de Staël : où est le barde de Childe-Harold? où est l'auteur de Corine? Ma trop longue vie ressemble à ces voies romaines bordées de monumens funèbres : j'ai vu mourir presque toutes les gloires de mon siècle ; j'ai vu passer les grandes choses et les grands hommes : la révolution dort dans son immense tombeau, et le géant, son fils, a l'Océan pour sépulture. Elle n'est plus *l'époque de la grande épée ;* nous portons aujourd'hui une rapière si courte, qu'elle ne peut pas même protéger la tête de nos amis. Quand vous me pressez de rentrer sur le sol natal, je me demande qui je suis pour éveiller votre sollicitude. Le poids de la poussière d'un Napoléon peut faire pencher le globe dans l'endroit où elle repose ; mais les cendres d'une créature de ma sorte sont légères ; le vent de la patrie et du désert les a bientôt dispersées.

J'arrive, Monsieur, aux couplets politiques de votre *chanson.* Je me donnerai garde d'attacher à l'aile brillante de votre muse mon lourd bagage de controversiste. Ma réponse se trouvera dans des réflexions sur les affaires de la France, que je compte bientôt publier. Deux mots seulement ici.

Il est vrai que la liberté m'a semblé l'indis-

pensable appui de la légitimité ; car je ne con-
nais point de pouvoir légitime sans liberté. Mais
si le flambeau que je présentais aux Bourbons
était celui de la fidélité, ils ne l'ont point éteint
en *soufflant sur ma gloire,* pour parler votre
magnifique langage. S'ils ont cru que le *jour
était beau,* la nuit n'est-elle pas revenue? Me
conseilleriez-vous d'abandonner le naufragé
dans la nuit? Il m'en souvient, Monsieur : vous
vous êtes jadis attendri sur la gloire, alors exi-
lée, parce que vous êtes fait pour elle; moi, je
sacrifie aux autels de la faiblesse et du malheur,
parce que je les trouve à mes foyers. Ne nous
vantons pas trop l'un l'autre : il y a peut-être
égoïsme dans notre vertu.

> D'une terre chérie,
> C'est un fils désolé ;
> Rendons une patrie,
>   Une patrie,
> Au pauvre exilé.
>
> De rivage en rivage
> Que sert de le bannir?

C'est vous qui dites cela, Monsieur.
    Vous me conjurez de m'attacher au peuple
qui *m'emportait dans ses bras, vainqueur aux
barricades.* Ah! c'est l'heure illustre de ma vie !
aussi ce peuple je le servirai toujours ; c'est pour
lui, pour son honneur, pour sa prospérité, pour,

sa liberté, que je donnai ma voix à la couronne
d'un enfant, lorsque j'exerçai ma part de souveraineté individuelle. Mais ce peuple, où est-il?
est-ce lui dont j'entends la voix; voix généreuse
qui retentissait sur le lieu de mon *triomphe*,
autour de la fosse où gisaient vaincus et vainqueurs, tandis qu'un ministre du Dieu de paix
priait étole au cou et tête nue. Puis-je reconnaître
cette voix dans les accens des champions de la
peur, sur qui pèsent les ruines sanglantes de
Varsovie? Non, le peuple n'est pas là. Jamais je
ne me rapprocherai de ces hommes qui ont dé-
robé à leur profit la révolution de juillet, de ces
écornifleurs de gloire, de courage et de génie.

Reste à m'expliquer, Monsieur, relativement
au fait principal qui vous a fourni le texte du
beau poème dont je suis si fier d'être le héros.

J'avais pris la résolution d'aller finir ma vie,
comme je l'ai commencée, sur les chemins du
monde; car refusant mon assentiment à l'ordre
de choses actuel, je n'étais plus qu'un ilote à
Lacédémone. Mais, pour l'entier accomplisse-
ment de mon dessein, il me fallait livrer à un
nouveau maître quelques petits arbres que j'ai
plantés : j'ai exposé au marché mes pauvres enfans, et personne n'en a voulu. Forcé par cet
obstacle de descendre un instant de ma montagne, j'ai revu la France. J'ai été frappé de son

air de tristesse. Ému et tenté de ses misères, j'ai pensé qu'il me serait toujours loisible de la quitter quand elle serait heureuse.

J'ai écrit mainte fois : « L'état de guerre sur-» venant, je me ferai un devoir d'offrir mes » derniers jours à mon pays. » Malgré les génu-flexions de notre diplomatie, et à cause même de ses mains mendiantes, il ne me paraît pas encore très-certain qu'on nous aumône la paix.

Une attaque récente contre l'ancienne maison royale m'est venue prouver aussi que mes combats n'étaient point à leur terme. Pendant les journées de juillet je n'ai pas cru aux réactions; le peuple régnait : adouci par la victoire, instruit par l'expérience, éclairé par la civilisation croissante, il eût continué d'être magnanime. Mais le peuple ne règne plus; la coterie colérique, sans dignité, sans élévation, qui a usurpé le pouvoir populaire, aura besoin pour se soutenir, pour coordonner les lois de proscription bourbonnienne, d'étendre les mesures de son salut à diverses classes de citoyens *. Cette ri-

* Cette conjecture s'est promptement vérifiée; on propose déjà de frapper les personnes qui donneraient asile à quelques uns des membres de la famille rejetée. Quoi qu'il arrive, si le duc de Bordeaux me venait demander asile, non seulement je le recevrais comme un hôte, mais comme le roi que j'ai choisi.

gueur présumée est logique ; elle découle na-
turellement du nouveau projet qui fait suite au
projet de M. Baude ; elle exigera donc ma présence à Paris, lorsque je plaiderai en dernier
ressort la cause que j'ai déjà défendue et que
j'espérais n'avoir plus à défendre. Un homme
d'honneur ne se cache point ; il ne se met point
à l'abri ; il ne publie pas de loin contre ses adversaires ce qu'il ne leur oserait déclarer en face.

Enfin, Monsieur, les organes de l'opinion,
presque tous les journaux ont témoigné de mon
absence des regrets dont je me trouve singu-
lièrement honoré. Votre éloquence, *prodigue
fée*, vient à son tour orner de *fleurs et de
diamans* non pas mon *vieux trône*, je n'en
ai point, mais mon vieux bâton de pélerin :
comment serais-je invulnérable à la flatterie
d'une muse qui a dédaigné de flatter les rois ?
Quand cette muse me *somme d'un prompt retour*,
je me sens très-disposé à la suivre dans son
temple, c'est-à-dire dans ma patrie.

CHATEAUBRIAND.

DE LA NOUVELLE PROPOSITION

RELATIVE

AU BANNISSEMENT

DE CHARLES X ET DE SA FAMILLE.

―――――――

PROPOSITION

LUE DANS LA SÉANCE DU 14 SEPTEMBRE 1831, DÉVELOPPÉE
ET PRISE EN CONSIDÉRATION, A L'UNANIMITÉ, DANS
LA SÉANCE DU 17 SEPTEMBRE, SOUMISE A L'EXAMEN
D'UNE COMMISSION NOMMÉE DANS LES BUREAUX DE LA
CHAMBRE, LE 22 DUDIT MOIS.

« Art. 1ᵉʳ. L'ex-roi Charles x, ses descendans, les
épouses et époux de ses descendans, sont bannis à
perpétuité du territoire français, et ne pourront y

2

acquérir, à titre onéreux ou gratuit, aucun bien, y jouir d'aucune rente ou pension.

» L'infraction au bannissement prononcé par le présent article, constitue le crime défini par l'article 91 du Code pénal. (LA MORT.)

» Art. 2. Les personnes désignées par l'article précédent seront tenues de vendre dans les six mois, à dater de la promulgation de la présente loi, tous les biens sans exception qu'elles possèdent en France.

» Si la vente des biens n'est pas effectuée dans le délai prescrit, il y sera procédé dans les formes déterminées pour l'aliénation des biens des mineurs, et pour ceux de l'État, par l'administration des domaines. Le produit des recettes, déposé à la caisse des consignations, sera tenu à la disposition des fondés de pouvoir des anciens propriétaires, déduction faite des droits des créanciers, et sauf tous les droits et actions des tiers. »

« Français, je prie Dieu qu'il ne venge pas » sur la nation le sang de vos rois, qui va être » répandu. »

Paroles de LOUIS XVI sur l'échafaud.

Vous êtes victorieux : vous avez proscrit ;
vous voulez proscrire encore, adosser le
bannissement à la peine de mort ; usant et
abusant du succès, vous lui prétendez im-
primer le caractère de la propriété. Je ne
viens pas vous contester le fait, mais le
droit. Le droit d'abord battu par le fait,
finit par le battre ; la raison en est simple :
le droit est la justice, sans laquelle point de
société. Le temps même convertit le fait en
droit, pour le soumettre à la compétence
de la justice.

Il y a deux manières de consacrer une

révolution sortie du principe de la souveraineté populaire : la rendre utile, la faire ratifier par la nation.

Dans le premier cas, toute révolution de cette nature qui laisse un peuple plus mal après cette révolution qu'il ne l'était avant, n'authentique pas son acte de naissance; dans le second, toute révolution populaire qui n'a pas été ratifiée par le peuple convoqué *ad hoc,* manque de sanction.

Que doit-on au gouvernement qui nous régit? On lui doit l'impôt; on lui doit obéissance dans les lois civiles, criminelles, administratives, obéissance dans les réglemens militaires et les mesures de police : les premières sont la vie sociale même, les autres sont nécessaires à l'indépendance nationale au dehors, à la sûreté publique au dedans. On ne doit ni conspirer en secret contre ce gouvernement, ni chercher à le renverser à force ouverte; on lui doit même bienveillance en tout ce qui ne blesse pas des intérêts essentiels : les complots et la violence sont contraires au Commandement religieux et au Précepte moral. Quant aux lois politiques émanées de la monarchie nouvelle, on est libre d'en penser, d'en dire, d'en écrire ce que l'on veut, parce qu'elles ne reposent point encore sur des faits utiles ou des bases légales.

Ces vérités ont leurs preuves dans les questions suivantes, que je me propose d'examiner :

1° Les journées de juillet advenues, que pouvait-on établir?

2° La monarchie élective de Louis-Philippe étant fondée, s'est-on soumis aux conséquences du principe de cette monarchie, et quelle a été la conduite de l'administration à l'intérieur et à l'extérieur?

3° La monarchie élective n'ayant pas rempli les deux conditions premières de son existence, à savoir, félicité publique au dedans, honneur et sûreté au dehors; cette infirmité ne devait-elle pas être guérie par

l'assentiment d'un congrès national, assentiment donné à cette monarchie?

4° Si dans le cas d'une défense personnelle, le gouvernement actuel a pu tuer et
proscrire en juillet 1830, le peut-il en octobre 1831, qu'il n'est pas attaqué, et que
son mandat politique ne lui a été continué
ni par la souveraineté de la gloire, ni par
celle du peuple, ni par celle du temps?

Parcourons cette série de questions, lesquelles nous amèneront à repousser la proposition relative au bannissement des Bourbons de la branche aînée.

―――――

Les journées de juillet advenues, que pouvait-on établir?

On pouvait faire une de ces cinq choses : proclamer la république; perpétuer la forme monarchique en élevant au trône une race toute nouvelle; rappeler la dynastie de Napoléon dans la personne du duc de Reichstadt; maintenir celle de saint Louis dans la personne du duc de Bordeaux ; la perpétuer dans la branche cadette;

LA RÉPUBLIQUE.

Il y a pour tous les ministères, et sous toutes les constitutions, une phrase à l'usage des majorités. Cette phrase renferme l'aveu d'une vérité de théorie à laquelle on oppose une impossibilité de pratique. Par ce stratagème on se figure désarmer son adversaire et demeurer victorieux. Ainsi dans les commencemens de la Restauration, lorsqu'on proposait des lois d'exception, on disait : « La liberté de la presse est une » chose excellente, un trésor d'un prix ines- » timable, une garantie de toutes les autres » libertés; mais nous venons vous demander » la *censure, à cause des circonstances.* »

A présent c'est la *chimère de la république* qui a remplacé les *circonstances.* D'où l'on conclut, en allant dîner, que la monarchie élective, telle que les peureux l'ont faite, est selon la science et la raison.

Et pourquoi donc la république serait-elle une chimère? Depuis la découverte du gouvernement représentatif, il est prouvé que la *représentation* se peut appliquer à un grand peuple dans la forme républicaine, comme dans la forme monarchique. Le gouvernement républicain a des avantages incontestables : il est à bon marché; il est fort noble; il assigne aux intelligences leur rang naturel. Dieu, dans l'Écriture, ordonne à Samuel de détourner les Israélites de leur dessein, lorsqu'ils se veulent donner un roi. Samuel dit au peuple : « Voici quel sera » le droit du roi qui vous gouvernera : il » prendra vos enfans pour conduire ses » chariots; il en fera des gens de cheval, et » il les fera courir devant son char.

» Il se fera de vos filles des parfumeuses, » des cuisinières et des boulangères.

» Il prendra aussi ce qu'il y aura de meil- » leur dans vos champs, dans vos vignes et » dans vos plants d'oliviers, et il le donnera » à ses serviteurs.

» Il vous fera payer la dîme de vos blés et

» du revenu de vos vignes, pour avoir de
» quoi donner à ses eunuques et à ses offi-
» ciers. »

Si le gouvernement républicain fût résulté
de la révolution de juillet, il aurait mis à l'aise
bien des consciences : en lui prêtant serment,
on n'aurait rien trahi, car c'eût été un changement de principe, et non un roi sub-
stitué à un roi ; il n'y eût pas eu usurpation,
mais un autre ordre de choses. Quant à moi,
qui suis républicain par nature, monarchiste
par raison, et bourbonniste par honneur, je
me serais beaucoup mieux arrangé d'une
démocratie, si je n'avais pu conserver la
monarchie légitime, que de la monarchie
bâtarde octroyée de je ne sais qui.

Il n'est donc pas vrai que la république
soit une chimère, dans le sens absolu de ce
mot ; il paraît vrai seulement qu'après les
journées de juillet, la France ne l'eût pas
adoptée ; il paraît encore plus vrai que nos
mœurs ne l'eussent pas soutenue. Les éloges
de la Terreur et des Terroristes avaient
épouvanté les esprits et les souvenirs : nos

parens massacrés se levaient de la tombe,
et nous demandaient si nous allions boire à
la mémoire de leurs bourreaux. La France
pendant les seize années de la Restauration a fait des progrès en politique,
mais il nous eût fallu trente ou quarante ans
de monarchie constitutionnelle sans révolution, pour nous apprendre le sobre usage
des libertés. Les vieilles générations auraient
achevé de s'écouler; les jeunes générations
nées sous la Charte, eussent pris le goût
de l'ordre légal. Peu à peu la royauté abaissant ce qu'elle avait encore de trop haut,
se fût convertie en une espèce de présidence
royale.

Durant cette période d'éducation de la liberté sous la tutelle de la légitimité, notre
exemple offert aux autres peuples, eût amené
dans leurs institutions des modifications
analogues. L'Europe n'est qu'une seule famille : elle a été chrétienne et gothique à
la fois; les monarchies des états-généraux
existèrent au même moment; elles dé-
clinèrent du même penchant vers le pouvoir

absolu : l'Angleterre seule sauva ses franchises par la force de son aristocratie. L'Europe se nivellera dans l'ère moderne comme
elle était nivelée au moyen-âge. La France
ne demeurera pas en contradiction sociale
avec les Etats qui l'environnent : cet isole-
ment n'est pas possible; il y aurait cause de
mort pour nous ou pour nos voisins.

Si l'avenir de l'Europe eût été conduit
selon sa pente; si l'on eût avancé vers cet
avenir à travers les monarchies constitution-
nelles légitimes, il aurait été républicain.
Rentrés dans la carrière des révolutions, il
est probable que nous avons imprimé aux
libertés un mouvement de recul. On se flatte
d'avoir abrégé le temps, d'avoir en douze
mois obtenu de la monarchie élective, ce
qu'on n'aurait pas tiré dans douze ans
de la monarchie héréditaire : erreur. On a
plus vite amoindri le pouvoir de la couronne, mais par cela même on s'est éloigné
de l'état républicain bien ordonné, car on
n'a pas encore les mœurs de la chose qu'on
a faite. Dans le combat qui existe déjà entre

les élémens populaires trop subitement di-
latés et les élémens monarchiques trop sou-
dainement comprimés, on court fortune de
s'abîmer dans une démocratie de quelques
jours, ou de s'engouffrer dans une tyrannie
de quelques heures, l'une ou l'autre suivie
de l'anarchie.

La République rejetée après les journées de juillet, se présentait la question du
renouvellement total de la Race royale.
Beaucoup de raisons militaient en faveur de
cette opinion.

CHANGEMENT TOTAL DE RACE.

Selon plusieurs, une révolution qui a tout changé dans un état monarchique, ne se consolide et ne se termine que par un changement total de Race. Le peuple choisit un roi nouveau, étranger à ce qui s'est passé; un roi à qui les partis n'ont point de reproche à faire; un roi qui n'apporte sur le trône ni liens de parenté, ni préjugés, ni rancune; un roi qui n'a rien à récompenser, rien à venger, qu'aucune ruine n'irrite ni n'accuse. Lui confie-t-on un pouvoir sévère contre les choses et les individus de l'ancien ordre politique? il n'a pas l'odieux de ce pouvoir : on efface sans anomalie, sans blesser des sentimens honorables, tout ce qui rappelle la dynastie déchue laquelle ne présente plus qu'un intérêt historique. Ce monarque n'a-t-il qu'une royauté circonscrite? il ne s'en plaint pas, car il n'a pas la prétention d'avoir possédé antérieurement une royauté plus complète, et il a été libre de refuser celle qu'on lui a offerte.

Tout est donc clair dans le choix d'une Race nouvelle; c'est, comme dans le cas d'une République, une mesure complète. Après les journées de juillet, on aurait pu s'accommoder de cette mesure; mais ici la difficulté gisait dans le choix de l'homme. A l'intérieur était-il possible de trouver une famille assez respectée pour être obéie? à l'extérieur pouvait-on emprunter un roi? Quand ce souverain eût apporté en dot à la France des frontières désirables, jamais le sang français ne se serait soumis à la domination d'un sang étranger.

LE DUC DE REICHSTADT.

La République repoussée, une Race nouvelle non promue à la couronne, restait le choix entre deux espèces de légitimités : le duc de Bordeaux, héritier d'une grande race ; le duc de Reichstadt, héritier d'un grand homme. Ces deux légitimités qui à différentes distances dans les temps, avaient une source semblable, l'élection populaire, pouvaient convenir également à la France. Ce que l'antiquité conférait au duc de Bordeaux, le duc de Reichstadt le puisait dans l'illustration paternelle. Napoléon avait marché plus vite que toute une lignée : haut enjambé, dix ans lui avaient suffi pour mettre dix siècles derrière lui.

Le duc de Reichstadt présentait en outre aux hommes de religion et à ceux que le préjugé du sang domine, ce qui complaisait à leurs idées : un sacre par les mains du souverain pontife ; la noblesse par une fille des

Césars. Je l'ai dit ailleurs, sa mère lui donnait le passé, son père l'avenir. Toute la France était encore remplie de générations qui en reconnaissant Napoléon II, n'auraient fait que revenir à la foi qu'ils avaient jurée à Napoléon 1er. L'armée eût reçu avec orgueil le descendant des victoires.

La monarchie élective a jusqu'ici peu honoré le drapeau dont elle s'est parée; il n'a flotté que sur la porte des ministres et sous les murs de Lisbonne; il n'a été déchiré que par les vents : la pluie déteint son pourpre et son azur; il ne reste qu'un pavillon d'un blanc sale, vraie couleur de la quasi-légitimité. Il n'en était pas de même lorsqu'il était attaché à la pique républicaine : sous le duc de Reichstadt il eût été emporté de nouveau par les aigles qui planèrent sur tant de champs de bataille, et qui ne prêtent plus leurs serres et leurs ailes à cet étendard humilié. Le royaume, redevenu *empire*, eût retrouvé une puissante alliance de famille en Allemagne, et d'utiles affinités en Italie.

Mais l'éducation étrangère du duc de

Reichstadt, les principes d'absolutisme qu'il
a dû sucer à Vienne, élevaient une barrière
entre lui et la nation ; on aurait toujours vu
un Allemand sur un trône français, toujours
soupçonné un cabinet autrichien au fond
du cabinet des Tuileries : le fils eût moins
semblé l'héritier de la gloire que du despotisme du père.

La République, un prince de Race toute nouvelle, et l'héritier de Napoléon exclus, venait le duc de Bordeaux.

Les avantages de ce choix étaient évidens. Ce choix éloignait toute crainte de guerre civile et étrangère. Pendant la minorité de Henri v, les droits populaires auraient pris sans danger, à l'abri de la légitimité, leur extension naturelle, tandis que ces mêmes droits étendus sous la faible monarchie élective, nous peuvent précipiter. Le sceptre du jeune Henri, soutenu des mains de la jeune France, eût mieux valu pour le repos de cette France, pour le bonheur même de celui qui règne, qu'une couronne entortillée à un pavé et lancée d'une fenêtre; couronne trop légère si elle se sépare de son poids, trop pesante si elle y reste attachée. Il est certain que personne ne voulait le 26 juillet l'ouvrage du 27; qu'on eût poussé le 26 des

cris de joie si l'on eût accordé le retrait
des ordonnances, le changement du ministère et les améliorations, suite inévitable
de ce changement. Le 3o on ne se con-
tentait plus de deux abdications, et l'on
disait à un enfant innocent : « *Si ce n'est toi,
c'est donc ton père.* » Il pouvait répondre :
« *Je n'en ai point.* » Il y a eu surprise ; on a
pris un élan trop fort ; on a franchi un trop
large espace : le terrain sur lequel on se
trouve maintenant, n'est qu'un écueil ; on
n'a sauté qu'entre deux abîmes.

Quand je dis que personne, à l'exception
peut-être de quelques hommes pleins de
feu et de nobles sentimens, mais peu ex-
périmentés, ne voulait le 26 ce qui arriva
le 27, je n'avance rien qu'on ne sache et
dont je n'aie par devers moi la preuve à
offrir. Le peuple *m'emporta vainqueur
dans ses bras aux barricades*, comme l'a
dit un grand poète. Cette foule composée
de jeunes gens qu'animait leur triomphe,
criait, *vive la Charte!* Plusieurs fois je
répondis : « Oui, Messieurs, *vive la Charte*

et vive le Roi! » Je ne fus point plongé
dans la mer, comme le singe que le dauphin avait recueilli en croyant sauver
un homme. On ne voyait en moi que le
défenseur de la liberté de la presse ; on me
payait de quelques sacrifices. J'avais autrefois rencontré dans les rues de Paris nos
premiers révolutionnaires : sans forme de
procès, ils auraient mis un aristocrate à la
lanterne, et ne ressemblaient en rien à ces
enfans de la vraie liberté qui conduisaient un
royaliste à la Chambre héréditaire. Ceux-ci
étaient de jeunes soldats s'efforçant d'em-
bellir la victoire par tout ce que l'honneur ajoute de générosité au courage. Ça se
passait le 29 : si tout le monde eût fait
son devoir, il était encore temps de conci-
lier les intérêts : je me tais à présent ; je ne
me tairai pas toujours. Il ne m'est resté
de cette journée, à moi si glorieuse, que
les sentimens d'une reconnaissance éternelle, et les beaux vers dans lesquels M. de
Béranger a célébré l'événement qui couronne ma vie politique.

En vain on a dit que l'adoption de l'enfant
était impossible, que les masses populaires
le rejetaient, que les prolétaires auraient
égorgé les propriétaires, les serviteurs leurs
maîtres, les ouvriers leurs chefs d'ateliers,
et tant d'autres belles choses répétées alors
par la *prudence*.

Rien de tout cela ne serait arrivé : l'armée, les populations des campagnes et des
villes n'auraient pas bougé. Proclamé par le
gouvernement, avec les changemens nécessaires à la Charte, Henri v eût été reconnu
dans toute la France. La garde nationale
de Paris aurait mis fin à toute république
improvisée; l'ami de Washington n'aurait
pas soutenu un essai infructueux, car
dans cette circonstance un rôle plus beau
et plus digne de sa renommée l'attendait.
Une troupe de trembleurs, quelques affamés
ambitieux ont trompé la générosité de Louis-
Philippe; il a cru sauver la France d'un danger qu'elle ne courait pas; il s'est jeté dans la
royauté pour nous racheter d'une anarchie
qui n'était que dans l'esprit des poltrons.

Si Philippe se fût obstiné à rester simple citoyen, Henri v était sur le trône en dépit des effarés lesquels voyaient pourtant à travers leur peur; si elle triomphait, honneurs, pensions et places.

Si la légitimité n'était rien, si ce n'était rien de bannir un enfant; si la France entière ne voulait plus de la branche aînée des Bourbons, comment se fait-il que plus d'un quart des départemens soient par vous-mêmes réputés *carlistes*, sans parler de tous les individus *carlistes* qui existent dans les autres départemens? comment se fait-il que l'on soit obligé de surveiller le midi avec 30,000 hommes, la Bretagne et la Vendée avec 50,000, comme la Belgique; d'une part pour faire un roi anglais, de l'autre pour défaire un roi français? comment se fait-il que sur 130,000 électeurs inscrits, il ne s'en soit présenté pour voter que 80,000? Des villes de 120,000 âmes, comme Marseille, ont vu des députés nommés par 38 voix; à Bordeaux, lors de la dernière élection, sur 550 électeurs, 150 seulement

ont paru au collége; 74 suffrages ont suffi
pour donner un mandataire à une ville qui
a de si grands intérêts à défendre. Comment se fait-il qu'on ait violemment retran-
ché 96 pairs à la Chambre héréditaire, et
que 52 autres aient dénié l'hommage? comment se fait-il que dans la Chambre des députés, où cependant le *mouvement* s'était
établi, plusieurs membres aient refusé le
serment, et que d'autres ne l'aient prononcé
qu'avec des réserves et des explications?
comment se fait-il qu'un si grand nombre
de magistrats aient encore refusé le même
serment? comment se fait-il qu'on ait desti-
tué presque tous les juges de paix? comment
se fait-il que tant de préfets, tant de sous-
préfets, tant d'administrateurs de toutes les
sortes, grands et petits, aient été renvoyés
pour leur opinion, et que nonobstant ces
épurations, on soutienne que les admi-
nistrations sont encore remplies de *carlistes?*
comment se fait-il que des corps militaires
tout entiers aient été cassés, que tant
d'officiers aient donné leur démission? com-

ment se fait-il que les élections municipales,
dans une notable partie de la France, aient
été suspendues, de crainte de voir arriver
des *carlistes?* comment se fait-il qu'en plusieurs lieux la même frayeur ait arrêté l'organisation des gardes nationales? Pouvez-
vous dire qu'une opinion que vous attribuez
vous-mêmes à plusieurs millions d'individus
n'ait aucune racine? Pouvez-vous être reçus
à soutenir que cette opinion ne doit pas
être comptée, pesée; qu'elle doit être com-
primée, enchaînée, vous qui avez admis la
souveraineté du peuple, conséquemment
l'indépendance de l'opinion et du vote de
chaque Français?

L'œuvre a été consommé, Henri v a été
banni; mais où sont les pouvoirs de la
société, et qui les pourrait rétablir? La
légitimité était le seul point d'arrêt sur
la pente rapide où la société est placée :
la légitimité détruite, à quel tronc atta-
chez - vous les parties dont se compose
le corps social? Qu'est-ce aujourd'hui que
d'être préfet, directeur-général, ministre,

maréchal de France, et même roi? Toutes
les autorités sont dégradées, et la liberté ne
se sauve qu'en se traînant dans un reste de
raison individuelle. L'attaque à la propriété
ne tardera pas : en tous pays, la propriété a
succombé avec l'hérédité de la couronne :
cette hérédité est la plus grande des propriétés; quand elle est envahie, toutes les
autres propriétés sont menacées. Les élémens ne s'agglomèrent que lorsqu'ils sont
homogènes : si la royauté peut être maniée et remaniée, divisée et subdivisée, il
n'y a aucune raison pour que la propriété
(qui est aussi une royauté ou une souveraineté) ne soit maniée et remaniée, divisée
et subdivisée.

La société ne périt point, mais les so-
ciétés périssent : nos lumières seront trans-
mises à la postérité et profiteront au genre
humain, mais il est possible que nous-
mêmes, comme nation, nous entrions dans
les jours de notre décrépitude. Tout paraît
usé; arts, littérature, mœurs, passions,
tout se détériore. Les plus nobles dé-

lassemens de l'esprit sont remplacés par
des spectacles grossiers ; si l'on pouvait
faire renaître les gladiateurs, ils obtien-
draient un succès que n'ont plus les chefs-
d'œuvre de Voltaire, de Racine, de Cor-
neille et de Molière : la Grèce aussi déserta
Eschyle ; Sophocle, Euripide et Ménandre
pour les pantomimes des carrefours et les
chevaux du cirque. En politique, même
aberration : on a vu la liberté dans la forme
républicaine sous la Convention ; on l'a
vue dans la forme monarchique sous la
légitimité ; on a joui du despotisme sous la
gloire ; on n'a pu se tenir à rien. On ne
croit plus ni à la liberté, ni à la tyrannie, ou
plutôt l'une et l'autre ne semblent plus possi-
bles. La pire des périodes que nous ayions
parcourues, semble être celle où nous sommes, parce que l'anarchie règne dans la raison, la morale et l'intelligence. L'existence des
nations est plus longue que celle des individus : un homme paralytique reste quelquefois
étendu sur sa couche plusieurs années avant
de disparaître ; une nation infirme demeure

long-temps sur son lit avant d'expirer. Tout
le monde dit en parlant de ce qui est : « cela
ne peut pas aller comme cela. » L'assertion
serait juste, s'il s'agissait de la vie, mais si
ce que l'on prend pour la vie est l'agonie,
une lente gangrène ? Cela va, parce que
le dernier moment n'est pas arrivé : le Bas-
Empire mit quatre siècles à mourir.

Dans une société morbifique, les formes
transitoires du gouvernement ont aussi,
comme cette société même, une sorte de
végétation animale entre l'être et le néant.
La difficulté d'avenir que nous éprouvons,
l'absence de tout, l'essai malheureux de
tout, la dégénération de tous les caractères,
la résistance molle de toutes les existences
qui souhaitent rester comme elles sont dans
l'horreur du plus petit mouvement, sont
des misères de nature à prolonger notre
état politique au-delà de sa force naturelle :
différens maux se neutralisent. La misère
du pouvoir sera pour lui peut-être une
cause même de durée : on ne l'attaquera pas
parce qu'il n'est rien ; on n'y pensera plus ;

on oublie ce qu'on méprise. Puis viennent
les accidens qui donnent un tour inattendu
aux affaires; on en entrevoit dès aujourd'hui
trois ou quatre dont l'effet serait immédiat.

Les quarante années de la révolution
française se sont divisées en trois parts,
d'une longueur à peu près égale : la république, avec ses phases successives, a traversé dix ans, l'empire, onze, la restauration, seize. Il paraîtrait donc que la vitalité
politique des Français, depuis qu'ils font et
défont leur gouvernement, ne dépasse guère
un demi-quart de siècle. L'ordre actuel, dans
sa meilleure chance et non régénéré par
quelque accident, ne rampera pas si loin. Les
hommes à théories, à intérêts, à sermens,
peuvent donc établir leur calcul sur ces données, et chercher d'avance des raisons pour
insulter à terre la monarchie qu'ils encensent
debout.

Quoi qu'il en soit, ceux qui se trouvaient
dans le mouvement en juillet, ne se cru-
rent devoir arrêter ni à la République, ni au

changement total de Race, ni à la légitimité
du duc de Reichstadt, ni à celle du duc de
Bordeaux : force fut d'en venir à ce qui
existe.

MONARCHIE DE LA BRANCHE CADETTE DES BOURBONS.

Il n'y a point de forme politique qui n'ait une chance de succès, quand on adapte les choses et les hommes à cette forme. Le roi élu avait les qualités que je lui ai reconnues : expérience, éducation du malheur, goût du travail, facilité de s'exprimer, connaissance des besoins du temps, douceur de mœurs, aversion du sang, des réactions et des vengeances. Sa noble et belle famille ajouté un charme à ces qualités précieuses qui devaient puissamment servir à neutraliser le caractère d'une organisation sociale dont les vices sont patens.

Ce que l'on possède aujourd'hui est un je ne sais quoi qui n'est ni république, ni monarchie, ni légitimité, ni illégitimité ; une quasi-chose qui tient de tout et de rien, qui ne vit pas, qui ne meurt pas ; une usurpation sans usurpateur, une journée sans

veille et sans lendemain. Quand la république éclata, on pressentit qu'elle s'irait
briser contre le despotisme ; quand l'empire
surgit, on devina qu'il se noierait dans la
victoire, et de là dans la Restauration ;
quand la légitimité reprit le pouvoir, on
augura qu'elle serait renversée par les idées
du siècle, si elle ne les savait employer.
Mais ici, que peut-on prévoir ? où est l'a-
venir ? quelle sera sa forme ? à quelle distance
est-il ?

Meilleur eût été de créer une monarchie
purement élective, dans la personne de
Louis-Philippe, parce qu'il fallait vite une
tête pour boucher le trou de la couronne.
Après Philippe on aurait pu choisir un
prince d'une dynastie toute nouvelle et rentrer dans le principe du changement total
de Race. Mais joindre l'hérédité à la monarchie élective, déblatérer contre la succession
légitime et recréer immédiatement une autre
succession légitime, est une lamentable in-
cohérence. On a gagné le principe de l'*élection ?* Oui, pour et pendant une heure ! Belle

conquête! autant valait garder ce qu'on avait.

Les quatre autres combinaisons politiques (la république, le changement de race, le duc de Reichstadt, le duc de Bordeaux) correspondaient à des masses populaires plus ou moins considérables, à des opinions connues. La monarchie quasi-légitime, à quoi et à qui parle-t-elle?

Tout est contradiction, difficulté, embarras dans l'ordre actuel. On répudie la branche aînée des Bourbons, et l'on épouse la branche cadette : il arrive qu'on ne dit pas une parole, qu'on ne fait pas une loi contre la chose passée, qu'elles ne tombent à plomb sur la chose présente. On crie contre une race proscrite, et cette race est sur le trône; on efface les lys, et les lys sont les armes du roi électif. On a tous les inconvéniens de la légitimité, pas un de ses avantages.

Cependant cette monarchie arrivée par hasard comme on retourne une carte qui devient un à-tout, pouvait acquérir force

4

dans l'État, 1° par les qualités personnelles du monarque; 2° par un baptême de gloire; 3° par une sanction nationale après l'événement; or ces deux dernières conditions ont manqué. La conduite de l'administration à l'intérieur et à l'extérieur a été tout juste ce qu'il fallait pour paralyser le gouvernement de juillet. Ceci nous amène à notre seconde question.

———

La monarchie élective étant fondée, s'est-on soumis aux conséquences du principe de cette monarchie? Quelle a été la conduite du gouvernement à l'intérieur et à l'extérieur?

———

INTÉRIEUR.

A l'intérieur on s'est dit : « Il y avait autre-
» fois un roi sous lequel on jouissait d'une
» des constitutions les plus libres qui fussent
» au monde; malheureusement ce roi ne vou-
» lait point de cette constitution. Qu'est-ce
» qu'il y avait à faire? changer ce roi comme
» on change un ministre, marcher sous un

» nouveau monarque ami de la Charte, avec
» les hommes et les principes de la Restau-
» ration. »

Au commencement de cette Restauration,
de vastes cervelles disaient aussi qu'il suffisait de *changer les draps du lit de Buonaparte*
et d'y coucher Louis xviii : cela fait, ce serait tout un. On oubliait que les draps du lit
de Buonaparte étaient des drapeaux, qu'il y
dormait avec la gloire : la légitimité ne ra-
menait pour compagne de couche que la
liberté.

Les têtes carrées qui ont imaginé de glis-
ser Philippe dans le lit de *Charles*, ont ou-
blié à leur tour, que la révolution de juillet
a transporté du monarque au peuple, le principe de la souveraineté ; que la royauté sortie
de l'élection populaire essayerait en vain
d'échapper aux conséquences de son principe ; qu'elle ne pourrait, ni ne devrait agir
d'après les lois de la légitimité ; que du moment où elle se séparerait des hommes et
des choses qui l'ont créée, elle perdrait sa
force. Ce qu'il fallait à cette royauté, c'était

de l'élan, de la jeunesse, de l'intrépidité. Tourner le dos au passé, marcher avec la France nouvelle à la rencontre de l'avenir : telle était sa destinée.

De cela, elle n'a cure : elle s'est présentée amaigrie, débiffée par les docteurs qui la médicamentaient. Elle est arrivée piteuse, les mains vides, n'ayant rien à donner, tout à recevoir, se faisant pauvrette, demandant grâce à chacun, et cependant hargneuse; déclamant contre la légitimité et singeant la légitimité, contre le républicanisme et tremblant devant lui. En colère, quand on lui parle d'abaisser le cens électoral, le ministère l'abaisse; en colère, quand on lui demande l'abolition de l'hérédité de la pairie, il l'abolit. Ce système pansu ne voit d'ennemi que dans deux oppositions qu'il menace. Pour se soutenir, il s'est composé une phalange de vétérans réengagistes : s'ils portaient autant de chevrons qu'ils ont fait de sermens, ils auraient la manche plus bariolée que la livrée des Montmorency.

La monarchie quasi-légitime a toutes les

passions et tous les instincts de la monarchie légitime, sans les oser avouer : elle
aimerait la pompe, et surtout la richesse;
mais quand on est élu par le peuple, le
moyen de lui prendre son argent? La liste
civile ne peut plus être un vote d'amour; on
ne peut plus livrer aveuglément au trône
des millions et des millions. En Angleterre,
l'emploi et la répartition des sommes de la
liste civile sont soumis à l'examen des
Communes. Qui ne voit, en effet, qu'un
roi pourrait mettre dans sa poche ce qu'on
lui donne, placer à l'étranger, ou chez
la nation même, des trésors accumulés,
lesquels trésors lui permettraient ou de fuir
dans les temps d'orage, ou de corrompre
l'armée et les Chambres pour détruire la liberté. Nos pères, qui ne connaissaient pas
la liste civile, avaient senti le danger de la
fortune individuelle royale : le domaine de
la couronne était inaliénable; la couronne
ne pouvait acquérir qu'à son profit, jamais
au profit de la personne couronnée. Quand
le souverain parvenait au trône avec des pro-

priétés particulières, ces propriétés étaient à l'instant réunies aux propriétés publiques du trône ou données à des parens, quand elles étaient de peu de valeur. On ne sait pas de quel droit la royauté élective pourrait soustraire sa liste civile au contrôle de la monarchie constitutionnelle, ou ses meubles et immeubles à la loi domaniale de la monarchie absolue.

Les lois proposées aux Chambres se ressentent du peu de génie, du mélange d'irritation et de frayeur de l'administration. Je n'en citerai qu'une, la loi relative à la pairie.

La Chambre dont j'ai eu l'honneur d'être membre, dans laquelle j'ai souvent admiré de rares talens, des connaissances profondes en administration et en politique, de nobles sentimens de liberté; cette Chambre, à qui la France doit ses meilleures lois, et qui occupera une belle page dans notre histoire, cette Chambre a malheureusement fait naufrage au port. La vertu humaine a son terme: qui n'a failli?

La pairie anglaise offrait à la pairie française deux exemples de nature diverse. En 1649, au moment où le procès de Charles 1ᵉʳ allait commencer, la Chambre haute rejeta le double bill de la mise en jugement et de la formation d'une cour de justice. Les Communes rendirent aussitôt cet arrêt : « Attendu que les membres des » Communes sont les véritables représen- » tans du peuple, de qui, après Dieu, émane » tout pouvoir, la loi naît des Communes, » et n'a besoin, pour être obligatoire, ni du » concours des pairs, ni de celui du roi. »

Le 25 décembre 1688 la Chambre des lords prit l'initiative, et présenta une Adresse au prince d'Orange, pour le prier de se charger de l'administration du gouvernement, en attendant qu'une Convention fût convoquée aux fins de disposer de la couronne.

La pairie britannique succomba avec Charles, mais elle se ménagea par son sacrifice une résurrection éclatante.

La même pairie, en faisant la première démarche auprès de Guillaume, se mit à la tête du mouvement, prit le pas sur les Communes, et devint l'arbitre des destinées de l'Angleterre.

Si la pairie française ne trouvait pas en soi cette double puissance de fidélité et d'infidélité, elle pouvait adopter une résolution plus conforme peut-être à son esprit de modération; elle pouvait déclarer que ses pouvoirs n'émanant pas du peuple, mais de la royauté, ils expiraient au moment où cette royauté expirait elle-même, comme un fleuve cesse de couler lorsque sa source est tarie. La noble Chambre ne s'est arrêtée à aucune de ses trois résolutions. Mal conseillée, elle s'est contentée de prononcer un serment à la suite, de viser la Charte qu'on lui transmettait pour mémoire, et dans laquelle était écrit son arrêt de mort. L'opinion l'a mise au rang où elle s'est elle-même placée, à la suite.

La manière dont on s'est proposé de reconstituer la pairie a quelque chose de la monarchie confuse de juillet, et du tripotage des velléités et des craintes ministérielles. Point d'hérédité qu'on voulait au fond de l'âme, et qu'on implorait par amendement;

des catégories qui ne créent pas une véritable aristocratie et qui détruisent l'égalité
nationale ; aristocratie qui résulte du pri-
vilége des places comme l'aristocratie de
cour, tandis que les classes en dehors de
ces places, c'est-à-dire le peuple, est exclu.

Louis xviii avait mieux entendu la pairie parce que la pairie était contempo-
raine de la légitimité. Il pouvait dire à un
chiffonnier : « Mon ami, je te fais pair » ; et le
chiffonnier était pair, et lui et sa race par-
ticipaient de la souveraineté nationale et
royale. Là, il y avait égalité ; le principe
démocratique était respecté, en même temps
que le principe aristocratique brillait dans
cette puissance éclose d'une parole ; puissance dont pouvait être revêtu le dernier
homme du peuple.

Au surplus, dans la question de l'hérédité
de la pairie, on s'était étrangement flatté. Dès
le premier moment, c'était à mes yeux une
question perdue, car elle touchait à la passion
dominante de la France, l'égalité. Attaquez
la liberté, et vous aurez des chances de succès,

même parmi ceux qui ont sans cesse le mot
d'indépendance à la bouche ; mais ne touchez
pas à l'égalité! Proposeriez-vous la chose la
plus excellente, elle sera rejetée avec une
sorte de fureur, pour peu qu'on y entrevoye
une apparence de distinction sociale. C'est là
la plaie ou la vertu nationale : plaie, elle
est inguérissable, et s'étendra jusqu'à la
propriété; vertu, elle est incorruptible et
ne peut céder qu'à l'épée. Buonaparte avait
recomposé une noblesse dans l'armée ; la
noblesse vient du fer : jamais on ne fera
jaillir de la tribune avec le glaive de la parole,
une hérédité bourgeoise à l'usage de tous les
caudataires des ministres présens et futurs.
Lorsque l'antique pairie anglaise se peut à
peine défendre, est-ce la moderne pairie
française qui tantôt s'est laissée gorger par
des *fournées*, tantôt mutiler par la Chambre
élective, est-ce une telle pairie qui aurait pu
sauver son hérédité, elle qui n'a pas su en
défendre le principe dans l'hérédité de la
couronne? Quand cet écrit sera publié, il y
aura donc une seconde Chambre de fonction-

naires en retraite, d'invalides blessés dans les
bureaux, laquelle Chambre ou produite par
un pouvoir dit constituant, ou par le consen-
tement de la pairie à ses propres funérailles,
complètera, délayée dans une immersion de
nouveaux pairs, la démocratie-royale, et se
traînera, tant que faire se pourra. C'était
gaspiller le temps que de prononcer des dis-
cours sérieux touchant la pairie, comme s'il
y avait en France une pairie, comme s'il
existait dans ce pays quelque chose au-delà
d'un fait que chacun connaît.

Les libertés ont-elles été mieux élaborées
que les lois? comptez les procès intentés aux
brochures et aux feuilles publiques, 228 dans
un an! écoutez les malédictions lancées contre
la liberté de la presse; lisez-les dans les journaux officiels et officieux, et remarquez
parmi les amis des ministres des hommes qui,
sous Louis xviii et Charles x, ont été les fauteurs et les conseillers des lois d'exception.

Cette disposition ne m'étonne point; j'ai
prévu et prédit dès le premier moment, que
la monarchie, surnommée républicaine, ne

pourrait marcher avec la liberté de la presse,
la légitimité seule était capable de la braver.
Chaque jour cette liberté démolit pierre à
pierre l'édifice qu'on élève. Tôt ou tard ce
gouvernement sorti des entrailles de la liberté de la presse, égorgera sa mère. C'est
un moyen, avec nos humilités diplomatiques, de nous faire chérir des monarchies
absolues de l'Europe : il ne nous manquera
plus, pour protéger la censure, que de rappeler les Suisses.

Le juste-milieu, la liberté avec des places
de commis aux douanes et aux lettres, sont
devenus la passion de juillet corrompu et
dénaturé. Ne parlez pas d'honneur : les fonds
baisseraient de 10 centimes. Tel homme perdrait son portefeuille, tel autre son brevet
de valet de garde-robe. Jusqu'ici les ministériels de race n'avaient réussi qu'à pro-
créer des ministres ; ils sont parvenus à en-
gendrer une monarchie domestique : je doute
que la liberté se plaise long-temps à ce pot
au feu. Les Francs l'avaient placée cette liberté dans un camp ; elle a conservé chez

leurs descendans le goût et l'amour de son
premier berceau; comme l'ancienne royauté,
elle veut être élevée sur le pavois, et ses
députés sont soldats.

La religion n'a pas trouvé plus de sym-
pathie dans l'administration, qui laisse insulter sur les théâtres le culte public et
livrer à la dérision les choses saintes. Cette
administration va à la chasse des croix; elle les
poursuit dans la prison de Marie-Antoinette;
elle les bannit des tribunaux, elle les ferait
arracher des tombes si une impiété aussi
bête qu'effrontée s'avisait de lui demander
ce nouveau sacrilége. Croit-on se mettre en
harmonie avec l'opinion de la France et de
l'Europe par cette haine anti-chrétienne
renouvelée du Voltairianisme et de la Terreur, de la moquerie et du crime? On
ignore donc qu'on se sépare ainsi des sentimens intimes de l'humanité? Les héros de
l'époque, les Polonais sont morts pour l'indépendance de leur nom et de leur patrie, en
invoquant la Vierge sainte, en pressant sur
leur cœur cette croix, objet du philosophi-

que mépris de nos nouveaux seigneurs. Il
est vrai qu'il était plus facile aux vainqueurs
des Trappistes d'abattre une croix du haut
d'un clocher, que de l'enlever ou de la secourir sur le cœur d'un Polonais.

Il semble surtout qu'on ait pris à tâche
d'insulter les sentimens catholiques dans les
provinces de France où ils ont le plus d'ar-
deur, tout en proclamant la liberté des
cultes. Des vexations de tous les momens
épuisent la patience des paysans de la Bretagne et de la Vendée. Ces populations
chrétiennes, fidèles et guerrières, que Buonaparte admira, sont un objet de haine
pour les féaux de la quasi-légitimité; ils
craignent aussi les populations de l'Est, ani-
mées d'un autre esprit mais également généreux. Tout ce qui a quelque élévation
est contraire à l'instinct des accapareurs de
la victoire de juillet. Ceux qui montrent un
si grand effroi de la guerre étrangère de-
vraient du moins éprouver quelque répu-
gnance pour la guerre civile. Un écrit fort
remarquable nous fait connaître la position

des royalistes dans le Midi. Après avoir dé-
crit les mesures tyranniques prises par les
autorités locales contre les habitans, l'auteur
(M. de Larcy) dit : « Qui donc peut avoir
» aujourd'hui le droit de déclarer nos dépar-
» temens en état de *suspicion légitime*, et de
» nous traiter en peuple conquis?

  » Oui, c'est là le vrai mot de notre situa-
» tion : nous sommes les Irlandais de la
» France. Quel est celui de nos concitoyens
» (de quelle religion n'importe) qui n'ait
» encore en horreur le spectacle odieux de
» la liberté des cultes violée à Nîmes ! Qui ne
» s'est indigné à la vue de ces soldats entou-
» rant les croix, ornemens de nos places
» publiques, et là, faisant un grand vide,
» un désert, au mépris de la vie des hom-
» mes. . . . . Car le sang a coulé; il a
» coulé afin que quelques ouvriers étrangers
» pussent renverser en paix l'image du sau-
» veur du monde. »

Si la monarchie nouvelle, telle qu'on l'a conduite, était le vœu et l'intérêt de la France,
pourquoi à l'intérieur cette vente des bois de

l'Etat, cet accroissement des taxes et du budget? pourquoi cette ruine générale du commerce, cette cessation de tout travail, cet état de malaise des diverses classes de la société? Pourquoi ce refus de l'impôt dans plusieurs villes? Pourquoi cette inquiétude de tous les partis, de tous les individus? Pourquoi cet armement de la population entière, cet appel continuel à la prudence, à la fermeté, au dévouement de cette garde nationale, sans laquelle on aurait déjà roulé dans l'abîme? Pourquoi ces émeutes répétées? Jamais les ministres de Charles x déployèrent-ils autant de soldats pour ébranler un trône de dix siècles, que les ministres de Louis-Philippe pour soutenir un trône de dix mois? Il est vrai qu'on n'a pas fait feu sur les jeunes gens qui ont donné la couronne de juillet, on s'est contenté d'en assommer discrètement, et à petit bruit, quelques uns. Cette mort muette est en harmonie avec ces hommes de silence et d'obscurité qui ne brûleraient pas une amorce pour l'honneur de la patrie. Qu'on rejette tant qu'on voudra

5

la cause de ces désastres sur les républicains
ou les carlistes, sur ceci ou sur cela, un fait
reste : ces troubles ont commencé le jour de
l'installation de la monarchie élective développée à la façon ministérielle.

EXTÉRIEUR.

Passons à l'examen du système suivi dans
nos relations extérieures.

La faute immense du congrès de Vienne,
est d'avoir mis un pays militaire comme la
France dans un état forcé d'hostilité avec
les peuples riverains.

L'Angleterre a conservé presque toutes
les conquêtes qu'elle a faites dans les colonies de trois parties du monde, pendant la
guerre de la Révolution. En Europe elle s'est
nantie de Malte et des îles Ioniennes; il n'y
a pas jusqu'à son électorat de Hanovre qu'elle
n'ait enflé en royaume et agrandi de quelques seigneuries.

L'Autriche a augmenté ses possessions
d'un tiers de la Pologne, des rognures de la
Bavière, d'une partie de la Dalmatie et de
l'Italie. Elle n'a plus, il est vrai, les Pays-
Bas; mais cette province n'a point été dévo-

lue à la France; elle est devenue contre nous une auxiliaire de l'Angleterre.

La Prusse s'est agrandie du duché ou palatinat de Posen, d'un fragment de la Saxe et des principaux cercles du Rhin; son poste avancé est sur notre ancien territoire.

La Russie a recouvré la Finlande et s'est établie sur les bords de la Vistule.

Et nous, qu'avons-nous gagné à ces arrangemens? Nous avons été dépouillés de nos colonies; notre vieux sol même n'a pas été respecté : Landau détaché de la France, Huningue rasé, ouvrent une large brèche dans nos frontières. Un combat malheureux à nos armes, suffirait pour amener l'ennemi sous les murs de Paris. Paris tombé, l'expérience a prouvé que la France tombe. Ainsi il est vrai de dire que notre indépendance nationale est livrée à la chance d'une seule bataille et à une guerre de huit jours. Le partage jaloux et imprudent du congrès de Vienne, nous obligerait, dans un temps donné, à transporter notre capitale de l'autre côté de la Loire; ou à pousser notre frontière jusqu'au Rhin. Les autres capitales de l'Europe enfoncées dans leurs provinces, défendues par les places et les populations qui les couvrent, sont d'ailleurs peu de chose, et lors même qu'elles sont prises, l'État auquel elles appartiennent n'est pas détruit. Il n'en est pas de même de la France telle que les alliés l'ont faite.

Lorsque j'ai eu quelque pouvoir sous la Restauration, je n'ai cessé de représenter au gouvernement ce danger de la patrie. Des documens officiels, irrécusables, prouveront un jour ce que je voulais ajouter de gloire à la liberté sous le pouvoir légitime. Je ne citerai qu'un Mémoire écrit tout entier de ma main, pendant la guerre de la Russie avec la Turquie; il est daté de Rome, 30 novembre 1828, et adressé à M. de la Ferronnays, par le billet suivant :

« Dans votre lettre particulière du 10 de novembre, mon noble ami, vous me disiez :

« Je vous adresse un court résumé de notre

» situation politique, et vous serez assez ai-
» mable pour me faire connaître en retour
» vos idées, toujours si bonnes à connaître en
» pareille matière, »

» Votre amitié, noble comte, me juge avec
trop d'indulgence; je ne crois pas du tout
vous éclairer en vous envoyant le Mémoire
ci-joint : je ne fais que vous obéir. »

La monarchie élective, par un bonheur
inattendu, n'avait pas à vaincre les difficultés
que je rencontrais à chaque pas; elle trouvait prêt un peuple dont on ne me laissait
pas disposer. Dès le début de sa carrière, la
Pologne et l'Italie se soulevaient, la Belgique
se livrait à la France. Si les hommes qui
conduisent la monarchie élective eussent
joint aux plus légères connaissances le
moindre sentiment des intérêts du pays, ils
auraient saisi une occasion unique de lé-
gitimer le nouveau pouvoir; ils auraient fait
occuper la Belgique; ils auraient dit à l'Europe : « Nous allions vous demander la révi-

» sion des actes du congrès de Vienne, car
» ces actes auraient tôt ou tard forcé la
» France à la guerre pour sa propre sûreté
» et son indépendance nationale. La vic-
» toire vous avait rendus injustes; la France
» a été dépouillée, tandis que vous vous
» êtes fortifiés de toutes parts contre elle.
» Vous vous êtes même ménagé le moyen
» de pénétrer, quand il vous plaira, jusqu'au
» fond de ses entrailles. L'inquiétude où nous
» vivions n'était pas supportable; il nous
» fallait un abri. Ce que peut-être nous
» n'aurions pu obtenir de vous que par la
» force, la Providence nous l'offre sans effu-
» sion de sang. La Belgique se donne à nous;
» nous l'acceptons, non comme conquête,
» mais comme barrière. Nous ne demandons
» plus rien : restons amis. Cependant si vous
» voulez tirer l'épée, marchons; vos peu-
» ples nous serviront d'avant-garde. »

Je ne doute point qu'au premier moment de la révolution de juillet, l'Europe
terrifiée ne se fût trouvée trop heureuse de
rester en paix au prix de la Belgique. En

place et lieu de ces choses, quel chaos d'ignorances, de sottises et de misères!

Ces ignorances, ces sottises, ces misères devenaient une conséquence forcée du système dans lequel on s'engageait. Une fois le point de départ manqué, il n'y avait plus qu'à se prononcer pour la paix à tout prix, ou la guerre à toute chance. Or la question ainsi posée devenait insoluble, car aucun homme raisonnable ne peut vouloir la guerre dans un but de conquête, ni la paix avec le déshonneur. La conduite du ministère à l'extérieur n'a donc pu offrir qu'une série de contradictions.

D'abord il a proclamé la non-intervention pour se faire reconnaître, sans se douter où ce système l'allait entraîner; ensuite, afin de se donner un appui, il a rêvé une alliance contre nature avec l'Angleterre.

Dans une guerre défensive, cette puissance ne peut nous mettre à l'abri d'une invasion avec ses vaisseaux, et n'a ni argent ni soldats à nous offrir. Nous ne prétendons pas, je pense, défendre Paris avec les gardes anglaises commandées par le duc de Wellington?

Dans une guerre offensive, cette même puissance craindrait plus nos victoires que nos défaites ; elle ne nous permettrait jamais d'étendre nos conquêtes jusqu'au Rhin, encore moins au-delà des Alpes et des Pyrénées, encore bien moins, au moyen de nos flottes, dans la mer Noire et les eaux de l'Orient. Qu'avons-nous donc à espérer d'elle ? Quelle niaiserie de nous croire ses alliés, parce qu'elle a comme nous deux Chambres qui ne ressemblent guère aux nôtres ! Le peuple anglais possède de grandes qualités ; son gouvernement a de l'expérience et de la fermeté ; mais en politique il est tout positif. S'imaginer qu'il va devenir le Don-Quichotte des libertés du monde, c'est étrangement le méconnaître : le cabinet de Saint-James s'est-il jamais piqué d'un dévouement sentimental pour les institutions d'un peuple ? Il a toujours fait bon marché du salut des rois et des nations, prêt à sacrifier monarchie ou république à ses intérêts. Naguères encore il proclamait l'indépendance

des colonies espagnoles, en même temps
qu'il refusait de reconnaître celle de la
Grèce; il envoyait des flottes appuyer le
pavillon du Mexique, et faisait arrêter dans
la Tamise quelques chétifs bateaux destinés
aux Hellènes; il admettait la sainteté des
droits de Mahmoud, et niait la légitimité des
droits de Ferdinand; voué tour à tour au despotisme et à la démocratie, selon le vent qui
amenait dans ses ports les vaisseaux de la cité.

Hors dans quelques phrases de journal et
de parlement, l'Angleterre a-t-elle sympathisé
avec la Pologne? Comment aurait-elle pu
trouver mauvais les efforts des Russes pour
remettre sous le joug un pays qu'ils regardent comme une de leurs provinces, elle
qui a versé des flots de sang pour retenir
dans ses chaînes les colonies qui forment
aujourd'hui la république des États-Unis?

Mais, puisque l'on proclamait la non-intervention, devait-on intervenir (toutefois avec
avec le bon plaisir de l'Angleterre) dans les
affaires de la Belgique?

Pourquoi ces conférences de Londres,

plus fâcheuses à la monarchie élective que
tous les congrès à la monarchie légitime?
Qu'avait-on besoin de ces interminables pro-
tocoles, puérils amusemens d'une diplomatie
reléguée dans les *Olim?* Qu'est-ce que ce
prince, digne d'un sort plus honorable, ce
prince, gardien de ports ou préfet-roi, At-
tale que les Goths de la Tamise revêtent
d'une pourpre dérisoire, Agamemnon à
Mycènes, Artevelle à Gand? Qu'est-ce que
ces forteresses à démolir, et qu'on ne démolira pas, ou qu'on ne démolira que dans
le but de nous nuire? Qu'est-ce que cette
armée française accourue au secours du
veuf de la princesse Charlotte, et retirée sur
un ordre de l'amirauté anglaise, comme si
le champ de Waterloo ne pouvait être témoin
que de nos revers ou de notre honte?

Quand nos soldats ne sont plus que les
recors des hautes justices de la conférence
de Londres; quand l'Europe a appris à
compter sur notre faiblesse, il ne fallait pas
grande sagacité pour deviner qu'on ne nous
souffrirait pas long-temps en Belgique; dou-

blement jouets que nous avons été de cette intrigue, car il était clair que le cabinet de Saint-James désirait secrètement le succès du roi de Hollande. Si le prince d'Orange avait eu deux ou trois jours de plus pour entrer dans Bruxelles et pour occuper les places frontières, l'Angleterre nous aurait dit, comme le sonnet : *Ma foi, c'est fait !*

« Eh! que prétendez-vous, répétait-on à l'opposition demandant le séjour prolongé de nos troupes en Belgique ? « L'occupation » prolongée! C'est la chute de lord Grey! » c'est le retour du duc de Wellington! »

Vraiment? quelle calamité pour la France! Pauvre pays, es-tu descendu si bas que ce soit là des argumens de notre tribune! On disait aussi : « La chute du ministère Périer, » c'est la guerre. » Entendez cela, petite France ; gardez les ministres que l'on vous impose comme des bonnes, ou le fouet. J'espère du moins que l'on ne viendra plus nous dire que *la légitimité fait mal au cœur.*

Comme il n'y a aucune homogénéité entre la France et l'Angleterre, la prétendue soli-

darité des deux ministères, anglais et français, porte sur des intérêts contradictoires :
ce qui fait le triomphe de l'un, fait la perte
de l'autre. Le ministère Grey, par exemple,
attaque la pairie anglaise, le ministère Per-
rier aurait voulu constituer la pairie française. Si le ministère anglais réussit à l'aide
des émeutes ou des émissions de pairs (chose
inouïe dans l'histoire de la constitution
britannique !•), il restera au timon de
l'Etat ; mais les élémens démocratiques
qu'il aura remués à Londres, réagiront sur
les élémens démocratiques à Paris, et de-
viendront un nouvel obstacle au ministère
français. Celui-ci s'est placé de sorte qu'il
devrait désirer deux choses incompatibles :
le rejet de la réforme parlementaire et le
maintien du ministère Grey. De même, lorsqu'il affectait un sentiment pour les libertés
belges et polonaises, il devait être entraîné
à trouver bonne la disparition de ces libertés,
car tout ce qui tend à développer en France
la force populaire, met en péril le système
de la quasi-légitimité.

On a fourni à nos hommes d'Etat, qui ne
s'avisent pas de tout, une de ces raisons
dont les hommes d'esprit se moquent après
l'avoir avancée. On a dit, sans rire, que la
Belgique devait être un pays neutre, attendu
qu'on y trouve l'embouchure de plusieurs
fleuves. Ce qui prouve que Buonaparte avait
eu tort de s'emparer de cette province; ce
qui prouve que personne n'osera désormais
y entrer, à cause de l'embouchure de ces
fleuves; ce qui prouve que ce pays devien-
dra une terre inviolable, une Elide où le
front ceint d'une branche de houblon, on
célébrera des jeux flamands, quand le reste
du monde retentira du bruit des trompettes
de Bellone.

Et c'est précisément parce que de grands
fleuves terminent leurs cours dans la Belgique, que depuis l'époque où les Romains
la connurent, jusqu'à nos jours, jamais terre
ne fut plus arrosée de sang; c'est parce que
cette terre est commerçante et féconde,
parce qu'aucune montagne ne l'abrite,
parce qu'elle est ouverte à tout venant par

le cours même de ses eaux; c'est parce
qu'elle est frontière des races germaniques
et gallo-romaines, parce qu'elle est le passage naturel et inévitable de toutes les armées; c'est à cause de toutes ces circonstances qu'elle n'a cessé, qu'elle ne cessera
d'être le champ de bataille de l'Europe,
le lieu où se videront à jamais les que-
relles des peuples. La *neutralité* des Pays-
Bas est un de ces mots nébuleux ajou-
tés au dictionnaire des non-sens diplomatiques, une de ces balivernes importantes,
moquerie pour l'habile, admiration pour le
sot, excuse pour le lâche.

La fin a répondu au commencement. Les
places de Luxembourg, de Maëstricht et de
Venloo demeurent au roi Guillaume; que le
roi Léopold reste après cela à Bruxelles,
s'il le peut. La citadelle d'Anvers est remise
aux Belges; lisez : *aux Anglais!* L'Escaut est
livré à la marine militaire et commerçante
de la Grande-Bretagne; ce que la politique
de celle-ci avait toujours convoité, et ce à
quoi la politique de la France s'était tou-

jours opposée. La partie des marches du
Luxembourg et du Limbourg qui touche à
la Prusse tombe en partage au roi de Hollande; de sorte que les Belges ne pourront
rien exporter en Allemagne. La France, dans
l'intérêt de son industrie, repousse aussi
leurs exportations, qui n'auront plus d'issue
que par l'Escaut et le port d'Ostende, sous
le monopole anglais. Et c'est dans ce
misérable état que la Belgique est chargée d'environ 18 millions de francs de
rente, en représentation de sa part à la
contribution de la dette du royaume des
Pays-Bas! Si Léopold ne paye pas à jour
fixe, il viendra des huissiers de Maëstricht
qui le contraindront, par corps, à s'acquitter.
Et cela s'appelle la grande paix, procurée
aux Belges, qui voulaient se donner à
nous, au monde, qui tremblait devant nous,
par la fière intervention de la quasi-légitimité!

En ce qui touche les affaires de la Pologne,
l'esprit du ministère ne s'est montré ni plus
inventif, ni plus résolu. Ces affaires ne se

pouvaient arranger avec succès que dans un accord général, si, comme je l'ai déjà dit, áprès la révolution de juillet, on eût demandé la révision des traités de Vienne en acceptant la Belgique. Cette occasion échappée, il n'y avait plus rien de possible sans la guerre, que ce mélange de soupirs et de rodomontades, qui blessaient à la fois les Polonais et les Russes. Tantôt les ministres venaient déclarer tristement qu'en effet il y avait de bien mauvaises nouvelles de la Vistule, ne se souvenant plus qu'ils se disaient en parfaite amitié avec la cour de Pétersbourg; tantôt, sur le bruit d'un succès de Skrzynecki, ils tombaient en admiration et portaient la main à la garde de leur épée. Il est vrai que leur épée est restée dans le fourreau et que leur admiration a assisté à la prise de Varsovie où, comme chacun sait, tout était tranquille après la mort.

La nation faisait-elle éclater le désir de secourir des frères d'armes, ce désir était refoulé dans les cœurs par des plans de campagne. On supposait que la France était

6

tombée en enfance; on venait lui conter qu'il fallait passer sur le ventre de la Prusse, être victorieux pendant trois ou quatre ans, pour arriver à Varsovie : comme si à la guerre un succès sur un point ne délivre pas un autre point attaqué. Une victoire sur le Rhin n'a-t-elle pas vingt fois décidé du sort de l'Italie? Des traités de paix n'ont-ils pas vingt fois agrandi et reconstitué des royaumes occupés par l'ennemi? Mais il ne se serait pas agi de guerre, si l'on eût pris la chose en temps utile; on n'aurait pas, sans pouvoir y satisfaire, manifesté des inimitiés irréfléchies pour l'empire russe, qui sera toujours notre véritable allié, parce que sa position géographique, ses intérêts, ses ennemis naturels qui sont aussi les nôtres, l'ont fait tel. Cette cour doit avoir à cœur de réparer le tort de la déloyale ambition de Catherine, d'effacer une page honteuse de son histoire et de la nôtre, de rétablir un royaume dont les ruines immortelles accuseraient ses destructeurs.

On est réduit à argumenter aujourd'hui des traités de Vienne, en faveur de la nationalité polonaise : le cabinet de Pétersbourg vous répondra qu'il vous sied mal d'être si scrupuleux, lorsque vous êtes intervenus pour détruire le royaume des Pays-Bas, ouvrage bien plus immédiat de la Sainte-Alliance.

Varsovie a succombé; nous en avons été quittes pour une oraison funèbre et quelques larmes déjà séchées. De ces larmes, nous sommes passés à la consolation; nous avons fini par trouver que la Pologne ne pouvait exister comme nation, vu le ras de sa surface. Or, comme la France est aussi un pays de plaine, depuis l'Escaut jusqu'à la Loire, c'est évidemment contre nature que nous prétendons rester Français et indépendans, du moins dans cette partie de notre territoire. On ne manquera pas de stratégistes de cabinet qui prouveront, carte en main, que nous devons être vaincus et partagés, à cause du cours de la Seine et de la Marne. Parlez-leur des héritiers des Jagellons et des

Sobieski, ils vous enseigneront le secret de leurs défaites; mais ils ignorent celui de leur héroïsme. Les marquis de la monarchie absolue ont perdu la Pologne, chapeau sous le bras, et les chevaliers de la monarchie élective chapeau bas; il y a progrès.

Quant à l'Italie, une seule observation suffisait pour intéresser notre équité à sa politique. Tous les peuples ont plus ou moins profité de notre Révolution : la France elle-même est devenue libre; des gouvernemens constitutionnels se sont formés en Allemagne; la Prusse s'est créé des communes et des assemblées provinciales; le Danemarck et la Norwège ont reçu des chartes, ainsi que les Pays-Bas; la Grèce, les colonies espagnoles et portugaises se sont émancipées; l'Irlande a brisé ses entraves; la Pologne avait repris son nom (et quel nom!). L'Italie seule, au lieu d'obtenir quelques libertés, a vu disparaître celles dont elle jouissait avant 1789; les républiques de Gênes et de Venise ont été anéanties; Lucques même, comme république, a péri; la Sicile n'assemble plus son parlement du moyen-âge, et jusqu'aux communes de l'Etat napolitain, ont perdu leurs franchises municipales : autant en est arrivé à la Romagne.

Le souverain pontife se trouvait dans une position étrange. Les Romagnoles s'insurgent au bruit des journées de juillet; nous leur déclarons que pas un Autrichien n'entrera sur leur territoire, et aussitôt les Autrichiens occupent tout le pays, depuis Bologne jusqu'à Ancône. Nous invitons la cour de Rome à congédier les Autrichiens : « Je ne » demanderais pas mieux, dit-elle, si je » n'étais trop faible pour rétablir l'ordre. » Alors nous proposons des troupes, et l'on nous répond : « Leur cocarde, au lieu d'ar- » rêter la révolution, la propagera. » Ainsi le pape ne se pouvait garder; nous ne voulions pas qu'il fût gardé par des Autrichiens; et, si nous prétendions le garder nous-mêmes, nous soulevions ses Etats. Quand nous étions aux pieds de toutes les puissances, et quand tous les peuples nous appelaient à leur tête, nous avons trouvé le secret d'être suspects à ces puissances, et de trahir la confiance de ces peuples.

A Dieu ne plaise que je me fasse l'apôtre de cette propagande qui prétend, coûte qui coûte, sang et pleurs, anarchie et ruines, établir des institutions pareilles en tous pays, comme si la civilisation atteignait partout le même niveau. Il me semble voir des *costumiers* qui, n'ayant qu'une forme et qu'une mesure, jettent le même habit, tantôt sur le dos d'un nain, tantôt sur celui d'un géant; manteau court pour l'un, robe traînante pour l'autre. Toutefois il ne se faut pas accoutumer à traiter à tort et à travers, de carbonari et de révolutionnaires, les peuples qui font entendre de justes plaintes. Les arts ont consolé longtemps les Italiens de la perte de la dignité de la vie; mais tant de génie sera-t-il éternellement renfermé dans les chants des poètes, dans les chefs-d'œuvre des architectes, des peintres et des sculpteurs? Les papes qui défendirent l'indépendance ita-

lienne, dans les siècles barbares, ne pour-
raient-ils encore la défendre dans les siècles
éclairés? La liberté ne saurait-elle avoir son
Léon x, comme les arts eurent le leur? La
papauté n'a perdu sa puissance (je l'ai remarqué ailleurs *) que quand elle a cessé
d'être guelfe ou populaire, pour se faire
gibeline ou impériale. Elle était née du
peuple; en reniant son origine, elle s'est
affaiblie. Qu'elle remonte à sa source; qu'elle
prenne en main la cause sainte de la liberté;
que, fidèle à son mandat primitif, elle ré-
clame au nom de l'évangile l'égalité et
l'affranchissement des hommes, et Rome
chrétienne, au lieu de rentrer dans les cata-
combes, en sortira avec de nouvelles pal-
mes : de nouveaux Raphaël consacreront au
Vatican ses nouveaux triomphes. Gré-
goire xvi est à la fois un des hommes les
plus savans et un des princes les plus
éclairés de l'Europe : ses sujets ont tout à
espérer de ses lumières et de ses vertus.

* *Études historiques,*

J'ai habité un sol étranger ; je m'affligeais de désespérer du courage de notre gouvernement, dans les lieux mêmes où le bras de nos soldats fendit les rochers des Alpes, pour donner passage à leurs victoires. Mais que j'étais bête ! Je me figurais que l'on voulait la paix à tout prix par goût ; ce n'est pas là le fin mot : « France, sachez donc que » si l'on a fait si bon marché de votre hon- » neur, c'est que vous n'étiez pas capable » de le défendre, que vous n'aviez ni argent, » ni soldats. Et vous, étrangers, apprenez » de cet aveu que si vous entrez dans le » royaume avec des troupes régulières, nom- » breuses et bien disciplinées, vous nous » battrez. »

« Bonnes gens, et politiques chevalereux, » disaient d'autres ministériels plus accom- » modans, vous vous sentez blessés du » système de nos seigneuries ; vous auriez » voulu avoir un peu d'honneur, le pain « quotidien du pays, mais y avez-vous bien » pensé ? De l'honneur, c'est la guerre ; la » guerre, c'est la banqueroute, les mesures

» acerbes, la confiscation, les échafauds. Le
» cas échéant, il faudra bien que vous mar-
» chiez aux frontières, et le moyen de vous
» y faire marcher, c'est d'abord de vous
» couper le cou. Nous vous prêchons donc
» la paix par commisération pour vous et
» votre faiblesse, car d'ailleurs nous aimons
» la Terreur; nous avons en son droit une
» admiration profonde. Que nous importe
» à nous qu'on batte monnaie avec des guil-
» lotines ou des paroles? Le fond des
» choses, c'est l'argent. »

D'autres graves personnages, qui sont les
prélats de la quasi-légitimité, nous considè-
raient comme des chiens enragés, prêts à
nous jeter sur l'Europe, si de vigoureux va-
lets ne nous tenaient à la chaîne.

Voilà ce que des Français ont débité pu-
bliquement; ils ont dépouillé la patrie, leur
mère; ils ont mis à nu ses plaies secrètes;
ils l'ont exposée à la dérision des puissances; ils nous ont montrés à celles-ci,
comme une proie facile à dévorer, ou comme
des hommes qui ne trouveraient d'énergie

que par la terreur. Ainsi notre courage passé, qu'attestèrent tant de conquêtes, n'aurait été que le fruit d'une peur placée derrière nous, notre gloire que le résultat de nos crimes! *Soyez sages*, a-t-on osé nous dire, et *vous ne serez envahis*. Et une telle parole a pu sortir de la bouche d'un Français! et le cœur de ceux qui l'ont entendue, cette parole, n'a pas palpité! et le sang n'a pas bouillonné dans leurs veines! A force de travail, de raison et de patience, une nation peut recouvrer la liberté intérieure lorsqu'elle l'a perdue, mais comment retrouve-t-elle au dehors l'indépendance et l'honneur lorsque l'une et l'autre ont été immolés? Direz-vous que l'existence de la royauté de Philippe tenait essentiellement à ce régime de concession et de vilité; que tout autre l'aurait fait mourir; qu'elle ne pouvait vivre que d'ignominies? Dans ce cas, la France ne doit pas se charger des frais du banquet. Si l'édifice de juillet ne repose que sur le sacrifice de la dignité nationale, il croulera : on ne bâtit aucun monument du-

rable sur le déshonneur; les arcs de triomphe qui ne seraient cimentés qu'avec de la
boue ne parviendraient point à l'avenir.

Je proteste de toute la force de mon
amour pour mon pays contre ces déclara-
tions des quasi-légitimistes. Non, la France
n'a pas besoin d'être poussée par le bour-
reau pour marcher au combat; non, elle ne
désire point se précipiter sur l'Europe, mais
elle ne veut point être foulée aux pieds. Elle
ne retournera ni au règne de Louis xv ni au
règne de Danton; elle ne souffrira ni com-
missaires anglais dans ses ports, ni égorgeurs
sur ses places publiques; elle ne reverra
Manon Lescaut qu'à l'Opéra, et les *Tricot-
teuses* qu'aux théâtres du boulevard : mais
elle doit connaître sa position, ne pas se
laisser tromper par des leurres, et savoir ce
qui la menace.

N'en doutons point : les puissances étrangères qui avaient déjà tant de peine à sup-
porter nos libertés de presse et de tribune,
avec la légitimité, les supporteront encore
bien moins avec le principe avoué de la

souveraineté du peuple et une couronne
adjugée dans la rue. Elles peuvent dissimu-
ler, attendre, désarmer pour un temps dans
une certaine mesure, vous dire que par
votre système pacifique, vous êtes les sau-
veurs de l'Europe, et votre orgueil sera
peut-être assez naïf pour croire à cette grosse
flagornerie ; mais quand vous avez laissé
aux divers cabinets le loisir d'étouffer les révolutions, filles de la vôtre ; quand vous leur
avez déclaré tout haut, quand vous leur avez
démontré que vous n'êtes pas en état de faire
la guerre sans vous enfoncer dans la banqueroute et la Terreur, vous avez manqué aux
plus simples lois de votre propre conserva-
tion. Ce ne sont pas ceux qui défendent
l'honneur de la France qui sont les partisans
de la guerre ; c'est vous qui, par votre pu-
sillanimité, aurez exposé votre patrie à une
invasion nouvelle. Vous aurez la paix à présent ; je le crois ; on ne peut pas donner de
l'épée dans le ventre à celui qui tourne le
dos. Mais est-ce ainsi qu'en France on demande la paix ? Dans ce pays l'honneur est

pour ainsi dire autochthone, inhérent au sol.

Mes sentimens et mes principes ne sont pas nés des circonstances, ils ne sont pas d'aujourd'hui; il y a quelque vingt-cinq années que j'écrivais ces mots dans mon *Itinéraire de Paris à Jérusalem* :

« Il n'en est pas d'une nation comme d'un » homme : la modération dans la fortune et » l'amour du repos qui peuvent convenir à » un citoyen ne mèneront pas bien loin un » Etat. Sans doute il ne faut jamais faire une » guerre impie; il ne faut jamais acheter la » gloire au prix d'une injustice : mais ne sa- » voir pas profiter de sa position pour ho- » norer, agrandir, fortifier sa patrie, c'est » plutôt dans un roi un défaut de génie qu'un » sentiment de vertu. »

Au procès que je viens d'intenter à notre politique extérieure, qu'opposera-t-on ? une fin de non-recevoir. « Il est possible, » dira-t-on, qu'on ait fait fausse route, » mais l'erreur est irréparable. Donc il est » inutile de rabâcher des objections rebat-

» tues dont le public commence à se fati-
» guer, et auxquelles, par sa mobilité na-
» turelle, il ne prend déjà plus d'intérêt.
» Les affaires de la Pologne, de l'Italie et de
» la Belgique sont terminées; les occasions
» de se montrer avec dignité sont manquées;
» des traités sont conclus, signés. La France
» est entrée dans des voies pacifiques; à force
» de lui répéter que la guerre était pour elle
» la fin du monde, elle se plaît dans sa tor-
» peur et ne veut plus entendre parler de
» batailler. Quel moyen de revenir aujour-
» d'hui sur la chose jugée, de chercher que-
» relle à nos voisins avec l'intention de re-
» prendre une position qui n'est plus repre-
» nable? En diplomatie on doit partir du
» point où l'on se trouve; les plus honorables
» regrets ne sont pas des raisons pour un
» homme d'état. Avalons l'ignominie, taisons-
» nous; amusons-nous si nous pouvons, en
» guettant l'avenir. »

Si mes argumens avaient pour but de
renverser le système ministériel, de détruire ce qui a été fait à l'extérieur depuis

un an, ils ne seraient que des récrimina-
tions sans conclusion et sans valeur, mais ce
n'est pas là ce que j'ai voulu. J'ai remis le
passé sous les yeux du lecteur, j'ai inven-
torié de sales guenilles, non pour amener
un autre ministère avec un autre système
(que m'importent à moi et les ministres et
leurs systèmes?), mais afin de prouver que la
monarchie actuelle s'est blessée à mort, en
abaissant la nation au-dessous de sa dignité
européenne. On n'a pas su employer l'é-
nergie des générations nouvelles : Charles
second plongea l'Angleterre républicaine
dans les bras des femmes; il semble que
l'on ait voulu précipiter la jeunesse de
juillet dans l'hébétement du ministérialisme,
autre espèce de débauche; mais les gouvernemens amassent ainsi contre eux des trésors de mépris et de haine. Ce passé d'hier
qui fatigue et importune aujourd'hui, repa-
raîtra terrible à l'heure plus ou moins
éloignée, mais inévitable, des reproches et
des réactions. La France ne dormira pas toujours : comme au héros du Tasse, il suffira

de lui présenter un bouclier pour la tirer du sommeil ; alors elle dispersera ce troupeau des faibles et des égoïstes qui l'environnent.

Nous arrivons à la troisième question.

———

*La monarchie élective n'ayant pas rempli
les deux conditions premières de son
existence, à savoir : félicité publique
au dedans, honneur et sûreté au dehors,
cette infirmité de nature ne devait-elle
pas être cachée et guérie par l'assentiment d'un congrès national, assentiment
donné à cette monarchie ?*

———

CONGRÈS NATIONAL.

La monarchie élective a été établie en
vertu de la souveraineté du peuple, or la
masse du peuple n'a point été appelée à

7

concourir à la forme de ce gouvernement.
Quelques députés ont forgé une constitution et décerné une couronne sans mandat
spécial, n'ayant ni consulté la nation, ni
même attendu que la Chambre élective
fût en nombre compétent pour délibérer.

Des pairs ont jugé ce qu'ils n'avaient le
droit de juger, non seulement parce que la
Chambre ne représentait pas la majorité
voulue, mais encore parce qu'elle avait été
scindée violemment.

Les aveux de nos adversaires sont pré-
cieux à recueillir.

On avoue qu'après les journées de juillet,
deux des trois pouvoirs étaient absens de
Paris, que quelques membres de la Chambre
des députés qui se trouvaient dans la capitale, s'assemblèrent non comme *Chambre*,
mais comme *réunion;* que des pairs en
petit nombre, s'associèrent à eux individuel-
lement. Ainsi l'on convient que ce n'est pas
le peuple, ni même la législature agissant
d'après ses propres réglemens, qui a broché
l'œuvre.

Le peuple de Paris, à l'Hôtel-de-Ville, avait rédigé un programme en six articles; le dernier portait : *Adopté provisoirement et devant être soumis à la sanction de la nation, seule capable de s'imposer le système de gouvernement qui lui conviendra.* Le peuple de Paris avait donc lui-même fait ses réserves.

La nation a-t-elle au moins paru approuver ce présent de la couronne, que fit une poignée de *ci-devant* députés, car un homme, aujourd'hui important, reconnaissait alors que la Chambre était *bel et bien dissoute* par l'ordonnance royale? Non. Les électeurs ont éliminé près de la moitié des prétendus constituans. La Chambre des Pairs resta dès le premier moment, sous le coup d'une destruction ou d'un renouvellement. C'est quelques députés sans mission spéciale, repoussés depuis en partie par les colléges électoraux; c'est une Chambre des Pairs à l'état de *croupion*, mise de plus en surveillance et déclarée suspecte dans un article de la Charte accidentelle; ce sont de pareils

sociétaires qui auraient représenté légalement la majorité du peuple français !

On a pensé qu'il fallait une mûre délibé-
ration, une révision du pacte fondamental
à une époque éloignée, pour régler la nature d'un pouvoir secondaire; et l'on n'a
pas cru de pareilles précautions nécessaires
pour établir le premier pouvoir de l'Etat :
on a mis un an à faire un pair, une heure
à faire un roi *.

La Chambre de 1830, soutient-on, a été
investie par les circonstances : quand d'autres circonstances viendront, elle sera donc
encore *investie?*

Le sceptre ne fut point mis de la sorte aux
mains de Guillaume III. Des élections géné-
rales eurent lieu; un parlement fut assemblé
en deux chambres sous le nom de *Convention;* la *Convention* examina ce qu'il y avait
de mieux à faire. Après une discussion con-
sciencieuse, après avoir considéré la ques-

---

* La Charte et la couronne ont été acceptées le 7 août
1830, de quatre à cinq heures du soir.

tion sous toutes les faces, les partis s'entendirent, même les jacobites et les républicains, car il y avait des républicains et des jacobites dans la *Convention*; les deux chambres se concertèrent, le trône fut déclaré vacant : le 17 février 1689 la couronne fut décernée par la *Convention* à Guillaume et à Marie; l'un gendre et neveu, et l'autre fille de Jacques. Guillaume, pendant tous ces débats, n'avait été chargé par les pairs que de la lieutenance-générale du royaume. Débarqué à Torbai, le 15 novembre 1688, il attendit trois mois la couronne : il était pourtant là avec une armée étrangère, et mieux que cela, avec une grande renommée; encore ne voulut-il exercer aucune influence sur les élections, et se déclara-t-il prêt à retourner en Hollande, pour peu que sa personne n'agréât pas à la nation anglaise.

Nous aurions dû imiter cet exemple, nous qui avions si souvent rappelé l'exemple de Jacques II et de Guillaume III.

Ce qu'il y avait à faire dans la grande circonstance de juillet, je l'ai indiqué le

premier dans la brochure dont celle-ci est la
suite. « Admettons, disais-je, qu'il fût utile de
» déposer, sans l'entendre, cet orphelin privé
» tour à tour sur le sol français de son père,
» de sa couronne et de sa tombe; admettons
» que ce règne présumé n'eût pas été heu-
» reux, êtes-vous mieux aujourd'hui, êtes-
» vous plus assurés de l'avenir ?
» Dans tous les cas, *un congrès national*
» *réuni pour examiner ce qu'il y avait à faire,*
» aurait été préférable, selon moi, à un gou-
» vernement improvisé de ville en ville, pour
» 33 millions d'hommes, avec le passage
» d'une diligence surmontée d'un drapeau*. »
Cette idée d'un congrès, M. de Cormenin
l'a su développer avec talent et logique. On
objecte à cela ce qui nous est arrivé depuis
1789; on remarque que nos divers gouvernemens acceptés du peuple, n'en sont pas
moins tombés. Je sais que la Charte de
Louis xviii, octroyée et non votée, a plus

* *De la Restauration et de la Monarchie élective*,
p. 37.

duré que toutes les constitutions de l'anarchie et du despotisme.

Dans le premier cas, je dis qu'une violence ne détruit pas un droit. D'ailleurs
peut-on comparer le peuple de 1831 au peuple
de la Convention, au peuple de l'Empire?
N'a-t-il pas fait des progrès en lumières et
en raison, témoin les journées même de
juillet? La liberté de la presse depuis quinze
années, n'a-t-elle pas avancé l'éducation
constitutionnelle de ce peuple, et s'il était
appelé à prononcer sur son gouvernement,
ne connaîtrait-il pas mieux qu'autrefois la
force de ses engagemens?

Dans le second cas, je réplique que si la
Charte de Louis XVIII a duré plus long-temps
que les gouvernemens antérieurs, sans avoir
été soumise à l'acceptation du peuple, c'est
qu'elle émanait de la légitimité. La légitimité
était en France l'ouvrage de mille années:
nos pères avaient proclamé la monarchie
de Hugues-Capet, en élevant ce Français au
trône; les générations successives avaient
renouvelé leur première ratification au sacre

des différens rois; les états-généraux, les parlemens quand ils exercèrent le pouvoir législatif, avaient confirmé cette légitimité séculaire. La source de la loi s'était trouvée placée par les origines franques et les mœurs du pays, dans la royauté : Louis XVIII en *octroyant* une Charte, ne dépassa pas les droits qu'on avait reconnus dans ses aïeux; il ne parut agir, et il n'agissait en effet, qu'en vertu du mandat primitif populaire, *octroyé* par la nation à sa race, comme en avaient usé Louis-le-Gros, saint Louis et Louis XII. L'ancienne légitimité n'était autre chose que la volonté nationale personnifiée et maintenue dans une famille. La puissance de cette légitimité était si prodigieuse que lorsque cette légitimité s'est retirée, la base sociale a fui et le monde politique a tremblé. Combien faudra-t-il de siècles pour que la nouvelle volonté nationale française se recompose une nouvelle légitimité? Si cette volonté varie d'année en année, elle reproduira la barbarie : qu'un peuple soit bouleversé par une idée ou par une conquête, le

résultat est le même ; la société ne s'établit
point en changeant à chaque instant de
maîtres, de formes, de principes et de malheurs.

. Afin que la couronne élective soit légitime
(et rien n'existe sans légitimité), besoin est
que la nation convoquée en fasse le don.
Dans un temps d'ignorance, une couronne
escamotée peut être enfoncée au hasard sur
la tête du premier venu, parce qu'à vingt
lieues et à vingt jours de l'événement, on
ne sait pas et l'on ne sait plus ce qui s'est
passé. Mais de nos jours, avec l'imprimerie, les grands chemins et les courriers,
le moindre village est instruit de la révolution opérée : les volontés ne sont ni si
débonnaires, ni si souples que chacun ne
sache s'il a ou s'il n'a pas consenti à ce qui
est advenu.

On se débat et l'on dit : Les faits étaient
trop vifs, les circonstances trop pressantes
pour suivre la marche légale ; il était impossible de rester dans le provisoire ; on eût été
débordé par les événemens.

Sans être convaincu de la solidité de cette objection, je la veux supposer, et je réponds : Ce qu'on a cru ne pouvoir faire alors, on le doit faire aujourd'hui. Le peuple n'a point été consulté; tout en lui déclarant qu'il était souverain, on lui a imposé un gouvernement. C'est une véritable moquerie qu'une monarchie achevée à Paris, en trois coups de rabot dans une arrière-boutique, au nom de 33 millions d'individus qui n'en savaient rien : on leur apprenait, à leur grand ébahissement, par le télégraphe, qu'ils venaient de se faire à eux-mêmes le don gracieux d'une charte et d'un roi.

Mais depuis la France s'est soumise; elle a payé ses impôts; elle a nommé des députés. L'Europe a reconnu le trône de Philippe. Les irrégularités ne sont-elles pas ainsi réparées ?

Je n'admets point cette soumission entière de la France, car je soutiens que plusieurs millions de Français d'opinions diverses, ne consentent point volontairement à ce qui est; mais fût-elle vraie cette soumission, elle ne

serait autre chose que le progrès de la raison
du peuple, non l'abandon de son droit; il n'a
pas voulu se lever, dans la crainte d'amener
les désordres inséparables d'une insurrection
spontanée; il a *reconnu le fait*, remettant
l'usage d'un droit à l'époque où il lui serait loisible de délibérer sans perturbation sociale.

Les puissances étrangères sont tout juste
dans la même position, elles ont *reconnu
le fait* : cette reconnaissance n'infirme, ni
ne légalise d'ailleurs le gouvernement actuel :
une nation tire son existence d'elle-même,
non des nations étrangères.

D'où vient la faiblesse du système qui nous
régit? Evidemment du vice de son origine.
Qu'un congrès se rassemble, qu'il vienne,
qu'il prononce ces trois mots : « Tout est
» bien, » les oppositions de principes tombent, la force gouvernementale est centu-
plée.

Jamais plus beau spectacle n'aurait été
donné aux hommes : une nation s'organise
provisoirement dans la crainte des troubles
dont elle a la funeste expérience; puis reve-

nant sur l'illégalité de ses institutions, elle
en examine les actes et leur donne la
sanction de sa souveraineté. Quel rôle admi-
rable aussi pour un roi! « J'ai d'abord ac-
» cepté, dirait-il, la couronne, afin de vous
» sauver de l'anarchie, mais le peuple n'a
» pas été consulté. Qu'il déclare main-
» tenant s'il veut que je conserve ou que
» je dépose cette couronne. » On parle du
moyen de rétablir le crédit et la prospérité
publique, j'en propose un infaillible. Osez
faire ce que j'indique, et vous verrez l'hori-
zon s'éclaircir, la confiance renaître : naviga-
teurs rassurés, nous cesserons d'errer au
milieu des écueils, et d'entendre l'éternel
refrain des vagues.

Il faudrait, il est vrai, du courage pour
prendre une telle détermination, pour faire
un va-tout des opinions diverses et les jouer
les unes contre les autres. Chacun plaiderait
sa cause; le congrès jugerait en dernier
ressort. Il se trouverait des orateurs en faveur des combinaisons que j'ai déduites;
force serait de se soumettre à la majorité

nationale, légalement représentée. Cette marche en rapport avec le progrès social, serait
un pas immense de la civilisation vers la
vérité politique : dans l'état actuel, nous
sommes rétrogrades.

Moi, qui n'ai rien juré, rien promis ;
moi qui n'ai paru à aucun collége, et par
conséquent n'ai chargé personne de représenter mon opinion; moi qui ai toujours
voulu un gouvernement constitutionnel,
désiré l'honneur, la prospérité, la liberté,
l'indépendance de mon pays; moi qui ai
marqué d'un fer chaud les ordonnances
et les fauteurs d'icelles; moi qui n'ai jamais plaidé le droit divin et le despotisme, je paraîtrais à la tribune pour
demander Henri v, non comme le destruc-
teur, mais comme le garant de nos franchises. Cet enfant porte en lui, par l'ancienne volonté nationale introduite dans ses
veines et mêlée à son sang, la vertu de
donner à nos libertés une durée salutaire:
il n'est pas, il ne peut pas être l'auteur de
la loi, mais il est ce grand sceau héréditaire

attaché aux anciennes chartes, qui témoignait de l'authenticité de la loi. Si la majorité me repoussait, je resterais, comme individu, fidèle à mon culte ; mais, comme citoyen, jamais je ne prononcerais ou n'écrirais un mot qui pût troubler le gouvernement établi.

Mon utopie ne sera pas acceptée : ceux qui sont saisis du pouvoir, des places, des pensions, des emplois ne sont pas disposés à les mettre à l'épreuve d'un scrutin ; ils veulent bien que le vote au moyen duquel ils se sont nantis, soit loi, mais ils ne permettent pas à ceux qui n'ont pas acquiescé à ce vote de rester libres. Le proverbe l'a dit : Ce qui est bon à prendre est bon à garder. « Vous refusez d'obéir au » gouvernement établi, s'écrient-ils, vous » méconnaissez les lois ; vous contestez les » droits acquis ; vous troublez le repos d'un » public qui veut avant tout rester tran- » quille, qui est las de nouveautés et de bou- » leversemens, qui ne demande qu'à vivre » en paix, à reprendre les habitudes de

» travail et de famille! Est-ce là l'ouvrage
» d'un bon citoyen? »

La chose est rare! *le gouvernement établi*,
qu'est-ce? votre volonté au lieu de la mienne.
De qui tenez-vous votre mandat? de personne ou de vous-même. De quel droit
prétendez-vous me dominer? Du droit de
votre génie? je vous trouve médiocre. Du
droit de votre raison? vous me semblez
déraisonnable. Du droit de votre force?
c'est le droit brutal, le droit du sauvage;
de plus vous n'êtes pas fort; vous êtes
faible. Vous, mon égal hier, il vous plaît de
couronner votre opinion, et vous m'appelez
à votre festin pour recevoir les ordres de
cette reine; mais je n'ai rien fait pour mé-
riter une place parmi ses esclaves.

Je conteste les droits acquis? acquis, depuis combien de temps? depuis quatorze
mois! Les années ont-elles prescrit? Y a-t-il
eu déplacement de propriété? S'agirait-il
d'annuler de ventes faites de bonne foi
sous l'autorité des lois existantes, de rétablir
des priviléges perdus, de perdre des libertés

gagnées ? Non, il n'est rien arrivé, si ce n'est
un changement qui n'a guères plus d'un
an de date, dans la personne royale. On
n'a pas même eu le temps de mourir, de
laisser son héritage à ses enfans ou de recueillir celui de son père. Que dans un quart
de siècle on parle de droits acquis, ce sera
juste, parce que les générations auront
passé, que la face de la société aura été
renouvelée, mais aujourd'hui les droits acquis sont les choses que l'on a prises par un
coup de main ; et les choses acquises de
cette manière, ont toujours paru assez con-
testables.

*Je trouble le repos d'un public qui veut
rester tranquille ?* Ne vous prenez donc pas
toujours pour le public. Vous voulez rester
tranquilles ; je le conçois : que la société se
détériore pourvu que vous jouissiez en paix
de vos places, de votre fortune, de vos
plaisirs ; personne ne souffre ; tout va à
merveille ; c'est un crime d'oser vous montrer la vérité.

Quant à cette accusation banale de *mau-*

vais citoyen, elle est à l'usage de tous les partis : pour celui qui dîne et qui rit, un mauvais citoyen est celui qui ne dîne pas et
qui pleure. Si je trouvais que la France va
bien, quoique sous un pouvoir que je n'admets pas, je serais un mauvais citoyen
de prendre ma mauvaise humeur pour la
misère publique ; mais j'ai la conviction que
la France va mal, et je suis un bon citoyen
en lui indiquant des remèdes. J'en ai le droit :
le jour où vous avez déclaré la souveraineté
du peuple, j'ai obtenu et je conserve ma
part de cette souveraineté, tant que le peuple
légalement convoqué n'aura pas parlé. Dans
la position où vous êtes, je vous reconnais
une autorité nécessaire à l'ordre judiciaire,
civil et militaire du pays, autorité salutaire
sous ce rapport, et devant être respectée et
obéie ; mais je ne vous reconnais aucune
autorité de porter des lois politiques, encore
moins des lois de proscription. J'arrive ainsi
à ma question dernière.

8

Si, dans le cas d'une défense personnelle, le gouvernement actuel a pu tuer et proscrire en juillet 1830, le peut-il en octobre 1831, qu'il n'est pas attaqué, et que son mandat politique ne lui a été continué, ni par la souveraineté de la gloire, ni par celle du peuple, ni par celle du temps ?

PROPOSITION POUR LE BANNISSEMENT DE CHARLES X ET DE SA FAMILLE.

Toute autorité se doit défendre; on ne

peut exiger d'elle qu'elle se laisse renverser quand elle a la force en main : veiller à sa propre sûreté est naturel ; frapper du glaive celui qui nous en veut frapper, est chose légitime.

Mais excepté ce cas d'attaque, une autorité de fait ne peut agir que dans la sphère d'un fait ; elle n'a pas le droit de porter des lois politiques, parce que ce droit ne s'acquiert que par la légalité politique ; or cette légalité manque au gouvernement actuel, d'après le principe de la souveraineté du peuple, qu'il a invoqué lui-même pour s'établir : donc il ne peut proscrire les Bourbons.

Parcourons les exemples que l'on suppose analogues et dont on cherche à s'appuyer.

Les Anglais en 1688, prétendirent rester fidèles à la loi de l'hérédité. La convention du 23 février 1689 déclara que Jacques second du nom, en quittant l'Angleterre avec son fils, avait abdiqué ; que le trône était vacant, et que Marie, fille de Jacques, princesse d'Orange, était de droit héritière du trône délaissé : Guillaume III fut associé à sa femme. L'usurpation s'établit sur une fiction de légitimité. Si le fils de Jacques eût été protestant et remis à la puissance parlementaire, les Anglais ne l'auraient pas exclu du trône ; jamais il ne leur serait venu en pensée de punir un enfant innocent des fautes de son père ; en voici la preuve : cet enfant fut exclu, non pour un soupçon de défaut de naissance légitime, supposition dont les deux Chambres n'arguèrent pas, et qu'elles abandonnèrent, mais parce qu'il avait été transporté en France *pour y être élevé par les ennemis de la religion d'Angleterre* *.

Marie régna donc comme héritière directe de Jacques ; après elle Anne, sa sœur, monta sur le trône ; après Anne, vint Georges Ier, petit-fils, par sa mère, de Frédéric V, électeur palatin, et d'Elisabeth fille

---

* Rapin de Thoyras, avec les notes de Tindal et les pièces des actes de Rymer, tom. XI, pag. 42, édit. de La Haye, in-4°.

du roi Jacques 1er d'Angleterre. Les tenta-
tives des Stuarts pour recouvrer la couronne, commencèrent sous Jacques II lui-
même, qui perdit, le 11 juillet 1690, la bataille de la Boyne contre Guillaume III. Après
sa mort arrivée à Saint-Germain-en-Laye,
le 16 septembre 1701, son fils dit Jacques III,
ou le chevalier de Saint-Georges, tenta une
descente en Ecosse au mois de mars 1708,
et revint en France sans succès, le 7 avril
de la même année. Un parti s'éleva pour lui
en 1715, sous Georges 1er, dans le nord de
l'Angleterre. Il passa en Ecosse en 1716, et
ne fut pas plus heureux que la première
fois. L'Espagne en 1719 le voulut remettre
sur le trône. La flotte castillane fut disper-
sée; deux frégates seulement débarquèrent
300 soldats, qui s'accrurent de 4,700 Ecossais, et qui s'enfuirent à l'approche des
Anglais. Jacques III épousa en 1719, à
Montefiascone, Marie-Clémentine, fille de
Jacques Sobieski, et petite-fille de Jean Sobieski.

Charles-Edouard, fils aîné de Jacques III,

s'embarqua à Nantes, le 12 juin 1745, prit terre sur la fin d'août au nord de l'Ecosse, avec sept officiers seulement. Il eut cette fameuse et brillante aventure d'armes, qui pensa lui rendre la couronne, et qui termina le 27 avril 1746, à Culloden, la vie royale des Stuarts. Après avoir erré dans les montagnes, les marais et les îles, Edouard parvint à sortir de l'Ecosse, le 17 septembre 1746, sur un vaisseau malouin, ne ramenant avec lui que deux compagnons, Sullivan et Shéridan. La France, durant son entreprise, menaçait les côtes de l'Angleterre avec une flotte et des troupes de débarquement.

Ainsi, pendant cinquante-six années, à compter de la bataille de la Boyne à celle de Culloden, les Stuarts ne cessèrent de troubler la Grande-Bretagne; ils vinrent pendant les quatre règnes de Marie, d'Anne, de Georges 1er et de Georges 11, redemander à un peuple qui ne les connaissait plus, un pouvoir contre lequel la prospérité publique et le temps avaient prescrit. La nouvelle na-

tion anglaise et la maison d'Hanovre se défendirent et triomphèrent. En 1708, la tête
du prétendant Jacques III fut mise à prix ;
en 1745, une récompense de 30 mille livres
sterlings fut promise à quiconque livrerait
mort ou vif le prince Charles-Edouard, fils du
Prétendant. Des échafauds s'élevèrent pour
les Irlandais, Ecossais et Anglais, qui avaient
appelé les Stuarts dans les trois royaumes ou
qui avaient été pris les armes à la main.
Mais ces proscriptions n'avaient point eu
lieu *avant* l'attaque, elles n'en étaient que
la défense et *la suite*.

. Rien de tout cela ne ressemble à ce que
nous voyons aujourd'hui.

Charles X et le Dauphin son fils, n'ont
point été déclarés *abdiquant* par une as-
semblée ennemie ; ils ont bien et dûment
abdiqué de leur propre gré, ils ne réclament
point la couronne ; ils l'ont déposée par
droit héréditaire, sur la tête de leur petit-
fils et neveu. Par cet acte, ils se sont mis
l'un et l'autre hors de la question : on ne
pourrait pas même les proscrire, comme

revendiquant le trône, puisqu'ils ne le re-
vendiquent pas; il ne s'agit donc absolu-
ment que de l'enfant.

Celui-ci est un orphelin âgé de onze ans,
qui ne peut être accusé d'aucun délit, et
on le bannit. On livre la couronne à son
plus proche héritier, comme en Angleterre
on la fit passer de Jacques à Marie; mais on
ne prétend pas la transmettre en vertu d'un
droit de succession; on veut que la légitimité soit brisée.

Le duc de Bordeaux a-t-il reparu avec ses
parens sur le sol dont il a été banni? S'est-il
montré quelque part aux Français dans les
bras de sa mère? Non : il languit exilé sur
la terre où le Prétendant débarqua. Il n'a
rien attaqué, et on le proscrit.

A-t-on laissé s'écouler cinquante-cinq ans,
passer trois ou quatre générations de rois
pour lui déclarer cette guerre, laquelle il
n'a pas provoquée? Non; il est déchu depuis quatorze mois; il n'est encore monté
que sur le vaisseau qui l'a enlevé à sa patrie,
et sa main trop faible ne pourrait même

s'armer d'une épée pour parer les coups que vous lui portez.

Quand le prince Edouard rassembla les montagnards de l'Ecosse en 1745, un prince allemand presque étranger à la maison des Stuarts, était sur le trône. C'était Georges second, descendant en ligne féminine collatérale d'Elisabeth, fille de Jacques 1ᵉʳ, trisaïeul du Prétendant, ce qui remontait à cent quarante-deux ans.

Louis-Philippe est roi; il porte le sceptre de l'enfant dont il était l'héritier immédiat, de ce pupille que Charles x avait remis entre les mains du lieutenant-général du royaume, comme à un tuteur expérimenté, un dépositaire fidèle, un protecteur généreux. Ne pouvez-vous attendre quelques années? Quoi, si Henri v abordait les champs qui ont déjà dévoré son père, Louis-Philippe serait obligé de le faire fusiller? Ne pouviez-vous ménager davantage les souvenirs et le cœur de votre prince?

Lorsque, le 7 août 1830, la Chambre des députés offrit la couronne au duc d'Orléans,

celui-ci répondit : « Je reçois avec une vive
» émotion la déclaration que vous me pré-
» sentez. Je la regarde comme l'expression
» de la volonté nationale. Rempli des sou-
» venirs qui m'avaient toujours fait désirer
» de n'être jamais destiné à monter sur le
» trône ; exempt d'ambition et habitué à la
» vie paisible que je menais dans ma famille,
» je ne puis vous cacher tous les sentimens
» qui agitent mon cœur dans cette grande
» conjoncture ; mais il en est un qui les do-
» mine tous, c'est l'amour de mon pays : je
» sens ce qu'il me prescrit de faire, et je le
» ferai. »

Et vous arrachez Louis-Philippe à ses
foyers domestiques, à lui si chers, pour
lesquels il exprimait des regrets si touchans !
et vous l'obligez de se renfermer dans le
château de nos anciens rois ! Cette maison de
passage où la Gloire même n'a pu rester,
ressemble à ces ruines où les voyageurs
viennent tour à tour chercher un mauvais
abri. Henri III y prit un cheval pour fuir,
après la journée des premières barricades ;

Louis xvi en sortit pour aller au Temple ; la Convention en fut chassée ; Napoléon en partit pour Sainte-Hélène. Sur cette terrasse despotiquement ravie au public, sur cette terrasse que l'on réserve, dit-on, aux plaisirs d'une jeune famille, jadis fut pratiqué un petit enclos où tout Paris, peu de jours avant le 10 août, a vu jouer des enfans de douleur, Marie-Thérèse, depuis la dauphine, et son frère, depuis Louis xvii. Les dernières barricades ont chassé Charles x des Tuileries.

Eh bien, dans ce château funeste, au lieu d'une couche innocente sans insomnie, sans remords, sans apparition, qu'a trouvé votre prince ? un trône vide que lui présente un spectre décapité portant dans sa main sanglante la tête d'un autre spectre. Et c'est de ce trône, où il s'est assis pour vous complaire, que vous forceriez le roi de votre prédilection d'ordonner le meurtre de l'Enfant dont il occupe la place !

Il serait temps d'en finir avec les lois de proscription ; elles n'empêchent rien de ce qui doit arriver, et elles ont un caractère

de fureur qui n'est plus en rapport avec
l'humanité du siècle. Henri iv apporta lui
seul, au domaine de la couronne, des biens
patrimoniaux de plus de 18 millions de
revenu, monnaie d'aujourd'hui, et ses héritiers manquent des premières nécessités de
la vie. Un compagnon fidèle, M. le duc de
Blacas, partage avec ses maîtres, la fortune de ses enfans : je ne sache pas que
les serviteurs de Buonaparte aient jamais
mis leurs trésors à la disposition de la
famille de ce grand proscrit. On vient nous
dire que les Bourbons qui ne trouveraient
pas à emprunter un schelling en Angleterre,
qui n'ont plus en France que des lambeaux
vendus à l'encan et au rabais, paient avec
leur argent les mécontens de l'Ouest et du
Midi! Un petit nombre d'honnêtes gens
croient à cette absurdité, faute de s'être
rendu compte des faits, trompés qu'ils sont
par des brocanteurs de consciences : il
est tout simple que ces traficans, ayant
toujours vendu leur opinion, se figurent
qu'on n'en a point, si elle n'est payée.

Quand ceux-ci auront étendu jusqu'aux *carlistes* les lois de mort ; quand les parodistes
de la terreur auront fait revivre l'âge d'or du
sang ; quand ils auront repris dans les arse-
naux des Lebon et des Carrier, les superbes
machines des forts génies ; quand ils auront
fait tomber mon chef, comme jadis tomba
celui de mon frère, qu'ils regardent dans
ma tête et dans ma poche ; ils trouveront
l'une pleine de projets de liberté et de gloire
pour ma patrie avec Henri v, l'autre vide.

Autrefois, le gouvernement révolution-
naire étendit son bras de peuple sur les Bourbons, mais alors il cherchait un prétexte dans
la guerre européenne ; il installa les échafauds.
Quand Buonaparte renouvela la proscription
de la famille royale, la guerre était recommen-
cée sur la frontière et dans la Vendée ; la bataille de Waterloo approchait. A-t-on maintenant un pareil prétexte ? En pleine paix,
vous vous occupez de mettre hors la loi une
famille qui, après tout, vous a rendus pros-
pères pendant seize années, et a commencé
pour vous le règne de la liberté ; une famille

qui contribua à votre ancienne grandeur,
qui se lie à tous vos souvenirs de gloire, qui,
tandis que vous lui refusez un arpent de
terre dans son immense héritage, vous dote
en partant d'une France africaine, dernier
présent dont elle paie votre ingratitude *!

Si les tempêtes, compagnes fidèles de celui
qui fut votre Roi, le poussaient à vos rivages,
vous l'immoleriez? Ajoutez la tête de Charles x
à celle de Louis xvi; jetez cette tête blanchie
non à l'Europe votre alliée, mais aux hommes
qui voudraient déshonorer ce qu'il pût y avoir
de noble dans les journées de juillet; joignez
à ces victimes la prisonnière 'du Temple :
celle-là porte déjà tant de couronnes, que
je ne sais s'il y aura place pour la dernière.
Qu'on emmanche le fer de Louvel dans
une loi, pour en frapper la veuve du duc

---

* Dans le système de lâchetés diplomatiques, de con-
cessions ignobles par lesquelles nous semblons vouloir
acheter notre existence, je ne serais pas surpris de nous
voir évacuer Alger. Nous devons bien cette marque d'obé-
dience à l'Angleterre pour la protection dont elle nous
déshonore : il ne manquerait plus que cette gloire à la
quasi-légitimité.

de Berry. Quant au jeune Henri, s'il n'a pas les années requises à l'échafaud, n'êtes-vous pas les maîtres? Accordez-lui dispense d'âge pour mourir.

J'ai montré que l'exemple des Stuarts dont on prétend s'autoriser pour bannir les Bourbons ne se peut appliquer ni au duc de Bordeaux, ni à ses parens. Un autre exemple tiré de la famille de Buonaparte, est également sans rapport avec la cause de mes augustes cliens.

La France n'a pas agi seule dans le bannissement des membres de la famille impériale; elle n'a fait qu'obéir à la dure nécessité imposée par la force des armes; ce sont les alliés qui ont provoqué ce bannissement: des conventions diplomatiques, des traités formels prononcent l'exil des Buonaparte, leur prescrivent jusqu'aux lieux qu'ils doivent habiter, ne permettent pas à un ministre ou à un ambassadeur des cinq puissances de délivrer *seul* un passe-port aux parens de Napoléon; le visa des *quatre* autres ministres ou ambassadeurs des *quatre* autres puissances contractantes, est exigé. Tant ce sang de Napoléon épouvantait les alliés, lors même qu'il ne coulait pas dans ses propres veines!

Grâces à Dieu, je ne me suis jamais soumis à ces mesures : avant qu'un ministre de Louis-Philippe allât voir un enfant et une femme, j'avais délivré, sans consulter personne, en dépit des traités et sous ma propre responsabilité comme ministre des affaires étrangères, un passe-port à Mme la comtesse de Survilliers, alors à Bruxelles, pour venir à Paris soigner un de ses parens malade. Vingt fois j'ai demandé le rappel de ces lois de persécution; vingt fois j'ai dit à Louis XVIII que je voudrais voir le duc de Reichstadt capitaine de ses gardes, et la statue de Napoléon replacée au haut de sa colonne *.

* Je disais au mois de mars de cette année, dans la dernière brochure, dont celle-ci est la suite :

« J'ai rendu, comme ministre et comme ambassadeur, » tous les services que j'ai pu à la famille Buonaparte; » elle me peut désavouer, si je ne dis pas la vérité : il

Ambassadeur à Rome, j'autorisai mes secrétaires et mes attachés à paraître au palais de Mme la duchesse de Saint-Leu ; je fis cesser la séparation que je trouvai établie entre des Français qui avaient également connu l'adversité. J'écrivis à M. le cardinal Fesch à sa sortie du conclave pour l'inviter à se joindre aux cardinaux qui devaient se réunir chez moi ; je lui témoignais ma douleur des mesures politiques qu'on avait cru devoir prendre ; je lui rappelais le temps où j'avais fait partie de sa mission auprès du Saint-Siège ; je priais mon ancien ambassadeur d'honorer de sa présence le banquet de son ancien secrétaire d'ambassade. La réponse

» n'a pas tenu à moi qu'elle n'ait été rappelée en France, » et que même la statue de Napoléon n'ait été replacée » au haut de sa colonne. C'est ainsi que je comprenais » largement la monarchie légitime : il me semblait que » la Liberté devait regarder la Gloire en face. »

A peine l'écrit où se trouve ce passage avait-il paru, que l'on vit paraître une ordonnance des ministres de Louis-Philippe pour remettre la statue de Napoléon sur sa colonne.

9

que je reçus, pleine de dignité, de discré-
tion et de prévoyance, mérite d'être con-
nue ;

« Du palais Falconieri , 4 avril 1829.

« «.Le cardinal Fesch est bien sensible à
» l'invitation obligeante de M. de Chateau-
» briand; mais sa position à son retour à
» Rome lui conseilla d'abandonner le monde
» et de mener une vie tout-à-fait séparée de
» toute société étrangère à sa famille. Les
» circonstances qui se succédèrent, lui
» prouvèrent qu'un tel parti était indispen-
» sable à sa tranquillité; et les douceurs du
» moment ne le garantissant point des dés-
» agrémens de l'avenir, il est obligé de ne
» point changer de manière de vivre.

» Le cardinal Fesch prie M. de Chateau-
» briand d'être convaincu que rien n'égale
» sa reconnaissance, et que c'est avec bien
» de la peine qu'il ne se rendra pas chez Son

» Excellence, aussi fréquemment qu'il l'au-
» rait désiré.

» Le très-humble, etc.

» *Signé* card. FESCH. »

Le prince Jérôme me fit l'honneur de ré-
clamer mon intervention dans une occasion
particulière, en m'envoyant copie d'une re-
quête qu'il adressait au cardinal-secrétaire-
d'État; il me disait dans sa lettre :

« L'exil est assez affreux dans son prin-
» cipe comme dans ses conséquences, pour
» que cette généreuse France qui l'a vu naî-
» tre (le prince Jérôme), cette France qui
» possède toutes ses affections, et qu'il a ser-
» vie vingt ans, veuille aggraver sa situation
» en permettant à chaque gouvernement
» d'abuser de la délicatesse de sa position.
» Le prince Jérôme de Montfort, confiant
» dans la loyauté du gouvernement français,
» et dans le caractère de son noble repré-

» sentant, n'hésite pas à penser que justice
» lui soit rendue.

» Il saisit cette occasion, etc.

» *Signé* Jérôme. »

Rome, 9 mai 1829.

J'adressai, en conséquence de cette re-
quête, une note confidentielle au secrétaire-
d'Etat le cardinal Bernetti ; elle se terminait par ces mots :

« Les motifs déduits par le prince Jérôme
» de Montfort, ayant paru au soussigné fon-
» dés en droit et en raison, il n'a pu refuser
» l'intervention de ses bons offices au récla-
» mant, persuadé que le gouvernement fran-
» çais verra toujours avec peine aggraver, par
» d'ombrageuses mesures, la rigueur des lois
» politiques.
» Le soussigné mettrait un prix tout par-
» ticulier à obtenir, dans cette circonstance,

» le puissant intérêt de S. Em. le cardinal-
» secrétaire-d'Etat.

» *Signé* CHATEAUBRIAND. »

Je répondis en même temps au prince
Jérôme ce qui suit :

Rome, 9 mai 1829.

« L'ambassadeur de France près le Saint-
» Siége a reçu copie de la note que le prince
» Jérôme de Montfort lui a fait l'honneur de
» lui envoyer. Il s'empresse de le remercier
» de la confiance qu'il a bien voulu lui té-
» moigner; il se fera un devoir d'appuyer,
» auprès du secrétaire-d'Etat de Sa Sainteté,
» les justes réclamations de Son Altesse.
» Le vicomte de Chateaubriand, qui a aussi
» été banni de sa patrie, serait trop heureux
» de pouvoir adoucir le sort des Français qui
» se trouvent encore placés sous le coup
» d'une loi politique. Le frère exilé de Na-
» poléon, s'adressant à un émigré, jadis rayé

» de la liste des proscrits par Napoléon lui-
» même, est un de ces jeux de la fortune
» qui devait avoir pour témoins les ruines
» de Rome.

» Le vicomte de Chateaubriand a l'hon-
» neur, etc.

» *Signé* CHATEAUBRIAND. »

J'ai cru devoir mettre au jour mes rapports avec la famille de Buonaparte, non
pour en faire un vain étalage, mais pour
fortifier mes argumens en faveur d'une
autre famille, en montrant que je les tire
autant de mes principes que de mon dévouement.

Enfin, si on lance des mandats contre les
Bourbons, ces mandats ne peuvent pas être
isolés, il faut de toute nécessité qu'ils attei-
gnent les *complices* et les *adhérens* de cette
famille; besoin est de s'occuper d'un nouveau Code criminel, à moins qu'on ne trouve
par quelque subtilité de rédaction le moyen
d'envelopper les délits des *carlistes* dans la
catégorie des délits du Code existant. On a

même une autre ressource sans se mettre en
frais d'imagination : le *Bulletin des Lois* offre
l'organisation du tribunal et des lois révolutionnaires. Là se voit comment un royaliste peut pécher en pensées, en paroles et
en actions, et ce qui lui arrive pour avoir
donné asile, écrit ou rêvé à ceux qui avaient
reçu sa foi.

De bonnes personnes qui aiment à se
rassurer, prétendent que des lois *obligées*
comme suite de ce qui a été fait, ne seront
ou ne seraient que préventives et commi-
natoires; que, le cas échéant, on ne les exé-
cuterait pas. Des lois de proscription pour
rire, c'est à quoi on n'avait point encore
songé. Je pense moi-même que de pareilles
lois sont repoussées par les mœurs actuelles;
mais qui vous répond qu'à l'heure où un événement surviendrait, il n'y aurait pas un de
ces mouvemens d'opinion qui contredisent
les mœurs ? On se félicite aujourd'hui de n'a-
voir pas tué les ministres de Charles X :
l'opinion ne demandait-elle pas leur mort,
quand on les a jugés, et à quoi leur vie

a-t-elle tenu ? Qui vous peut assurer que
des hommes pacifiques seront toujours à la
tête des affaires, qu'ils ne seront pas eux-
mêmes devenus suspects, que peut-être ils
n'auront pas été bannis?

Si des esprits cruels se saisissaient du
pouvoir, ils sauraient, dit-on, inventer
des mesures à leur taille; ils remettraient
en honneur ces temps où des pétitionnaires
offraient de faire une pension à la guillotine
pour ses bons services, entretien, répara-
tions et menus coûts.

Soit : mais pourquoi donc alors vous
donner la peine de forger des armes à vous
inutiles et qu'ils sauront si bien fabriquer?
Pourquoi leur épargner le prix de la main-
d'œuvre, et le temps de la façon?

Législateurs, sortez de l'ornière sanglante
tracée depuis deux mille ans par le char de
Sylla et dans laquelle la tyrannie royale ou
populaire a tour à tour roulé ses vengeances.
Qu'une torche funèbre allumée près de votre
tribunal, ne vous dérobe pas la vue de la lu-
mière de la civilisation nouvelle : imprimez

à vos décrets le caractère de votre temps.
Voulez-vous déjouer les complots, tromper
les intrigues, déconcerter les projets? ouvrez
la porte à tous les bannis, Buonapartes et
Bourbons; laissez-les se mêler à la foule,
qu'ils passent et repassent devant ce trône
qu'ils ont perdu : quand ils verront d'en bas
ce qu'ils ne voyaient que d'en haut, Rois
tombans ou tombés, il est douteux qu'ils
s'empressent de ramasser le sceptre, dût la
fortune le jeter à leurs pieds.

CONCLUSION.

La pensée dominante de cet écrit s'y ré-
vèle à chaque page, à chaque ligne, à chaque
mot; mais un lecteur attentif se sera sans
doute aperçu que je taisais quelque chose;
que j'évitais ou que j'ignorais l'objection
avec laquelle on croit renverser mon système.

Je n'ai ni ignoré ni évité cette objection,
j'en ai seulement réservé l'examen pour la
conclusion de ma plaidoirie.

On dit:

« Entre les cinq partis que, selon vous,
» on pouvait prendre après les journées de

» juillet, vous auriez voulu qu'on adoptât
» celui de la légitimité : pure rêverie. Gar-
» der votre Henri v avec les prêtres, la con-
» grégation, les jésuites, la cour, les gentils-
» hommes ordinaires et extraordinaires,
» les officiers de la bouche et du gobelet,
» les cuisiniers, les menins, les chasses
» éternelles, l'étiquette et les faveurs d'an-
» tichambre; c'est ce que la nation ne vou-
» lait plus, c'est ce qu'elle ne voudra jamais.
» La prolongation de ces abus aurait amené
» une révolution plus sanglante et plus ter-
» rible que celle de juillet. Le malheur a-t-il
» éclairé ceux que vous défendez? Voyez
» auprès de cet enfant, votre chimère, ces
» mêmes hommes qui l'ont perdu, et qui lui
» soufflent les mêmes préjugés; ces hommes
» qui l'endoctrinent du droit divin et lui
» prêchent l'absolutisme, ces hommes qui
» finiront par en faire ou un crétin ou un fa-
» natique, ou un prince impie et débauché;
» car un mal produit souvent un mal con-
» traire. »

Chose étrange et curieuse! L'éducation

des *deux cousins*, est précisément ce qui met le plus grand obstacle à leurs prétentions respectives. Mais le duc de Reichstadt est un homme, le duc de Bordeaux un enfant; on peut amender dans celui-ci, ce qu'on ne saurait plus corriger dans celui-là.

Si Henri v nous fût demeuré après les journées de juillet, le château avec toutes ses superfétations, n'aurait pas été possible, encore bien moins l'éducation qu'on reprouve. Mais le jugement porté sur les hommes qui environnent le royal élève est trop général et trop rigoureux. Quelques uns de ces hommes ne sont point étrangers aux lumières et aux opinions de leur siècle; ils ont autant de mérite et de modération qu'ils ont de fidélité. Celui même qui marche à leur tête est un militaire de probité et de religion : c'est beaucoup d'avoir mis au fond du cœur d'un enfant les vertus ; il sera plus aisé d'élever ensuite les idées sur cette base solide. D'après des rapports uniformes et authentiques, cet enfant annonce un mélange heureux d'esprit et de bonté.

N'est-ce rien encore pour son éducation que les malheurs dont son berceau est environné? N'est-ce rien que ce chef-d'œuvre de l'adversité, la fille de Louis XVI, la compagne et la sœur de Louis XVII, placée au berceau de Henri V, comme un tableau sacré suspendu devant un autel?

Néanmoins, si vous critiquez cette éducation, qui vous assure que le plan n'en sera pas modifié, que l'on ne se mettra pas en mesure de recueillir les éventualités de l'avenir après avoir laissé échapper un présent rempli des plus magnifiques certitudes?

J'ai dit des vérités aux hommes de la France; oserai-je prendre en finissant la respectueuse liberté d'adresser quelques paroles aux hommes de l'exil? Ils sont rentrés dans la douleur comme dans le sein de leur mère : le malheur, séduction dont j'ai peine à me défendre, me semble avoir toujours raison; je crains de blesser son autorité sainte et la majesté qu'il ajoute à des grandeurs insultées qui désormais n'ont plus que moi pour flatteur. Mais je surmonterai ma faiblesse; je m'efforcerai de faire entendre un langage qui, dans un jour d'infortune, pourrait préparer une espérance à ma patrie.

L'éducation d'un prince doit être en rapport avec la forme du gouvernement et les mœurs de son pays. Or, il n'y a en France ni chevalerie, ni chevaliers, ni soldats de l'oriflamme, ni gentilshommes bardés de fer, prêts à marcher à la suite du panache blanc. Il y a un peuple qui n'est plus le peuple d'autrefois, un peuple qui changé par les siècles, n'a plus les anciennes habitudes et les antiques mœurs de ses pères. Qu'on déplore ou qu'on glorifie les transformations sociales advenues, il faut prendre la nation telle qu'elle est, les faits tels qu'ils sont, entrer dans l'esprit de son temps afin d'avoir action sur cet esprit.

On veut aujourd'hui une monarchie de raison et non de sentiment. Le monarque qui a le plus de chances de maintenir en France l'ordre et la liberté, est celui auquel tôt ou tard la couronne sera dévolue. Si l'on ne voit dans Henri v que le chef d'une petite faction, qu'une pagode sainte dont les droits sont réputés antérieurs et supérieurs à ceux du peuple; qu'un enfant revendiquant un sceptre par la seule raison qu'il est fils de son père, c'en est fait de lui. La légitimité est une religion dont la foi est morte; cette religion serait encore la meilleure sanction des droits de la nation, en ce qu'elle communique à ces droits quelque chose d'historique et de traditionnel, de fort et de sacré, mais elle ne tire plus son pouvoir d'elle-même.

Quelques faux amis d'une jeune mère, pleine de charme, d'infortune et de courage, disent parfois que Henri IV a recouvré son trône le haubert sur le dos, les houseaux aux jambes, et l'épée au poing; que si dans la politique on faisait sans cesse intervenir la morale rigoureuse, rien ne serait possible pour les honnêtes gens, tandis que les méchans, moins scrupuleux, triompheraient toujours.

A cela je réponds qu'au temps où nous vivons il n'y peut avoir que des guerres ci-

viles entre des *idées* et des *opinions* diverses :
les plus fortes et les mieux conduites tueront
les autres et régneront.

L'exemple tiré du Béarnais n'est pas ap-
plicable à l'époque où nous sommes : les
discordes religieuses avaient désolé la France
long-temps avant qu'Henri iv combattît pour
le sceptre que lui laissait Henri iii. Placé à
la tête du parti protestant, élevé sous la
tente, n'ayant jamais quitté le sol natal, il
était général et soldat lorsque la couronne
lui échut ; il [ne vint donc point dans sa
propre cause troubler un royaume paisible ;
loin de diviser les Français, il les réunit ; il
mit fin, en montant sur le trône, à quarante
années de guerres civiles.

Les notions sociales n'étaient pas d'ailleurs
ce qu'elles sont aujourd'hui. La civilisation
était beaucoup moins avancée ; ce qui ne
choquait personne dans un temps où les
libertés et les lumières n'étaient pas le partage de tous, serait insensé, odieux et criminel aujourd'hui.

Quant à la Vendée, dont on cite l'héroïque

dévouement, on commet à ce sujet une
autre erreur. La Vendée frappée de lois
d'exception, deviendrait un colosse auprès
duquel ceux qui la calomnient aujour-
d'hui, seraient de bien petits garçons : le
général Lamarque en a parlé en ennemi
généreux et en homme qui se connaît en
courage. La Vendée inactive et silencieuse,
demeure comme une preuve vivante que
l'opinion attachée au pouvoir d'aujourd'hui
n'est pas l'opinion générale de la France.
Mais la Vendée précipitée sans être attaquée dans une guerre civile, verserait en
vain son sang. Lorsqu'elle était dans toute
sa puissance, a-t-elle transporté Louis xvii
de la tour du Temple au château de Ver-
sailles? Ce qu'elle n'a pu faire pour l'orphelin captif, le pourrait-elle pour l'orphelin
banni? Ces combats de laboureurs, que
Buonaparte appelait des combats de géants,
ces neuf cent mille hommes égorgés, n'ont
consacré qu'un immortel, mais inutile sacrifice.

Faudrait-il compter sur les armées étrangères? L'Europe n'a jamais voulu rétablir en France la famille déchue : au congrès de Châtillon, il n'était pas question d'appeler Louis xviii; après la bataille de Waterloo, il était question de l'exclure; ce fut par une nécessité politique que l'autorité revint aux enfans de saint Louis. Si l'Europe prenait aujourd'hui les armes contre nous; si par malheur elle se servait du nom du duc de Bordeaux, ce nom ne serait que le voile des projets les plus sinistres. L'Europe victorieuse exigerait le démembrement de la patrie de Henri v, et la perte de toutes les libertés nationales. Mes yeux ne verront point ce jour; il me resterait, j'espère, encore assez de force pour mourir dans les rangs de mes concitoyens; mais avant de tomber, j'aurais combattu l'étranger, eût-il apporté dans ses bras le dernier rejeton de cette race à qui je dévoue ma vie.

Je ne sais qu'un moyen de ramener au foyer paternel l'Enfant voyageur égaré sur la terre, la volonté des Français; l'accord du peuple et des pouvoirs de l'État.

Si le deuil ne pouvait sortir de la France;
si fatiguée d'errer de système en système,
de gouvernement en gouvernement; si
trompée dans tous ses essais, forclose de
toutes ses espérances, elle n'apercevait
de port de salut qu'au trône légitime,
alors le banni reviendrait, sans avoir coûté
une larme et une liberté à sa patrie, roi
déjà dans les cœurs par ses infortunes et
son innocence. La mère de cette tendre vic-
time ne peut assurer, mais elle peut préparer cet avenir, en dirigeant l'éducation de
son fils.

Arrivera sans doute le moment où l'orphelin sortira de ce château des Stuarts,
asile de mauvais augure qui semble étendre
l'ombre de la fatalité sur sa jeunesse : le dernier né du Béarnais doit se mêler aux enfans de
son âge, aller aux écoles publiques, apprendre
tout ce que l'on sait aujourd'hui. Qu'il de-
vienne le jeune homme le plus éclairé de son
temps; qu'il soit au niveau des sciences de
l'époque; qu'il joigne aux vertus d'un chré-

tien du siècle de saint Louis, les lumières
d'un chrétien de notre siècle. Que des voyages
l'instruisent des mœurs et des lois; qu'il ait
traversé les mers, comparé les institutions
et les gouvernemens, les peuples libres et
les peuples esclaves; que simple soldat,
s'il en trouve l'occasion à l'étranger, il
s'expose aux périls de la guerre, car on
n'est point apte à régner sur des Français
sans avoir entendu siffler le boulet. Alors
on aura fait pour lui ce qu'humainement
parlant on peut faire. Mais surtout gardez-
vous de le nourrir dans les idées du droit
invincible; loin de le flatter de remonter au
rang de ses pères, préparez-le à n'y remonter
jamais; élevez-le pour être homme, non pour
être roi : là sont ses meilleures chances.

Enfin si la Providence inclinait vers lui la
volonté des Français, il ne doit reparaître
au milieu d'eux que comme le premier citoyen, sans garde, sans cour, sincère ami
des institutions qu'il aurait jurées. Afin d'é-
viter toute réclamation, je voudrais que le

peuple fût consulté, que le suffrage universel
remît la couronne à l'enfant de Robert-le-
Fort; espèce de sacre politique qui précé-
derait, sans l'exclure, le sacre religieux.
Aux deux bouts de la lignée se trouverait
ainsi l'élection des Francs et des Français.

C'est assez : quel que soit le conseil de
Dieu, il restera au candidat de ma tendre
et pieuse fidélité, une majesté des âges que
les hommes ne lui peuvent ravir. Mille
ans noués à sa jeune tête, le pareront
toujours d'une pompe au-dessus de celle
de tous les monarques. Si dans la condi-
tion privée il porte bien ce diadème de
jours, de souvenirs et de gloire; si sa
main soulève sans effort ce sceptre du
temps que lui ont légué ses aïeux, quel empire pourrait-il regretter? Dans la transfor-
mation sociale qui s'opère, le duc de Bordeaux ne serait peut-être rien sur le trône;
hors du trône, le trente-septième descendant de Hugues-Capet, l'héritier de Philippe-
Auguste, de saint Louis, de Charles v, de

Louis xii, de François 1ᵉʳ, de Henri iv, de
Louis xiv et de Louis xvi, est le roi des siècles, le passé couronné vivant au milieu de
l'avenir.

POST-SCRIPTUM.

TANDIS que je corrigeais, et qu'on imprimait au fur et mesure, les feuilles de ce petit ouvrage, le rapport de la commission chargée d'examiner la proposition relative au bannissement de la branche aînée des Bourbons, a eu lieu. Ce rapport fait honneur à M. Amilhau qui conclut à la suppression de la peine de mort. Espérons que la Chambre sera frappée des raisons déduites par M. le rapporteur; elles sont à peu près celles que j'énonce moi-même dans cet écrit.

Cependant M. Amilhau après avoir observé que *la mesure de prudence soumise à la Chambre n'est ni un jugement, ni une loi pénale, mais une loi politique*, se trouve embarrassé par la supposition de l'infraction du bannissement, et il est obligé de dire que *le législateur, dans de hautes circonstances, voit toutes les* COMBINAISONS *rentrer dans son domaine parce que le salut du peuple est la suprême loi.* D'un autre côté il déclare que si, *oubliant la clémence d'un grand peuple, ils venaient* (les princes déchus) *provoquer à la guerre civile et tramer des complots, dégradés de leur dignité, dépouillés de leur puissance, ils* TOMBERAIENT COMME UN ACCUSÉ VULGAIRE SOUS L'ACTION ORDINAIRE DES LOIS.

Il résulte de ces deux réserves qu'en supprimant la peine de mort en apparence, on la laisse revenir par deux voies, la législature et les tribunaux ordinaires.

Nous le savions tous : des princes dépouillés de leur *puissance* peuvent être traînés à l'échafaud comme des accusés vulgaires. Si la famille déchue venait *provoquer à la*

guerre civile et tramer des complots, elle tom-
berait sous l'action ordinaire des lois. Qui de
nous ignore que les princes *malheureux* pro-
voquent *toujours* à la guerre civile et trament
toujours des complots ? M. le rapporteur a
trop jugé des autres par sa candeur. Dieu
préserve les exilés en changeant d'exil, d'être
jamais jetés sur les côtes de France ! On ne
manquerait pas de témoins pour accuser devant la justice, la famille naufragée d'avoir
conspiré avec les vents : l'adversité n'obtient
point de pardon ; le droit de grâce ne s'étend
pas jusqu'à ce crime. Je ne ferai donc point
de carton pour les pages où j'examine les
conséquences de la peine de mort, puisque
elle demeure cachée au fond de la loi : le
nom est effacé, la chose reste. D'ailleurs les
Chambres n'ont pas prononcé, et les débats
peuvent amener une conclusion différente de
celle de la commission.

Je conviens que les législateurs sont placés
dans un labyrinthe inextricable. Comment
prononcer un bannissement qui n'est qu'une
simple déclaration, et comment ajouter une

pénalité à la *rupture* du ban? Comment
vouloir et ne pas vouloir, punir et ne pas
punir, laisser en paix *les fauteurs et adhérens* de la famille déchue, et ne rien faire
contre cette famille si les flots la poussaient
dans nos ports? Il est évident qu'il n'y a
qu'un parti à prendre : rejeter une loi qui
ne peut être qu'atroce ou inconséquente.
C'est ce rejet que je sollicite.

Et pourquoi envelopper les Buonapartes
dans la destinée des Bourbons? Pourquoi
frapper du même coup ce qui depuis vingt
ans nous a donné gloire et liberté? Pourquoi
interdire l'entrée de la France aux parens du
dominateur de l'Europe et l'ouvrir à ses cendres? Les dernières sont bien plus à craindre,
leur conspiration bien plus redoutable à la
monarchie nouvelle que le retour, et les complots supposés de quelques individus arra-
chés à l'exil : elles s'agiteront à chaque anni-
versaire de leurs victoires ; tous les jours,
sous leur colonne, elles diront à la quasi-
légitimité passante « qu'as-tu fait de l'hon-
» neur français? »

Par un hasard singulier en défendant les Bourbons, j'ai défendu les Buonapartes, sans me douter que cette dernière famille serait attaquée. Heureux si cet écrit exerçait quelque influence sur la législature, si on laissait, comme je le demande, les héritiers de Henri IV et de Napoléon libres de revoir leur patrie !

FIN.

www.ingramcontent.com/pod-product-compliance
Lightning Source LLC
Chambersburg PA
CBHW052053090426
42739CB00010B/2153